U0137612

八閩物語

福建馆藏文物精品

八閩物語

傅柒生 主编

福建省文物局 出品
福建画报社 编制

海峡出版发行集团
THE STRAITS PUBLISHING & DIBLISHING GROUP

海峡书局

图书在版编目（CIP）数据

八闽物语：福建馆藏文物精品 / 傅柒生主编
. —— 福州：海峡书局，2022.5
ISBN 978-7-5567-0969-4

Ⅰ . ①八… Ⅱ . ①福… Ⅲ . ①文物 – 福建 – 图录
Ⅳ . ① K872.570.2

中国版本图书馆 CIP 数据核字 (2022) 第 069602 号

八闽物语
福建馆藏文物精品

傅柒生　主编

出　　品：福建省文物局
编　　制：福建画报社
责任编辑：赖小兵 辛丽霞
出版发行：海峡出版发行集团 海峡书局
地　　址：福州东水路 76 号出版中心 12 层
邮　　编：350001
印　　刷：深圳市德信美印刷有限公司
开　　本：889 毫米 x1194 毫米　1/16
印　　张：21.5
字　　数：264 千字
版　　次：2022 年 5 月第 1 版
印　　次：2022 年 5 月第 1 次印刷
书　　号：978-7-5567-0969-4
定　　价：328 元

《八闽物语》编委会

主　　任：傅柒生
副 主 任：谢　平　　林文珍　　赖小兵
编　　委：陈方昌　　何经平　　鄢震凌　　蔡靖杰
编　　务：张祖城　　王启刚　　林小燕　　薛　瑛　　郭　忱
　　　　　王银平
责任编辑：辛丽霞

《八闽物语——福建馆藏文物精品》编辑部

主　　编：傅柒生
编　　辑：赖小兵　　陈方昌　　鄢震凌　　薛　瑛　　张祖城
撰　　稿：傅柒生　　羊泽林　　邱志军　　张宝英　　赖文燕
责任编辑：辛丽霞
资料整理：倪舒扬　　林子茜　　林晨歌
书籍设计：夏　燕
封面摄影：成冬冬

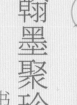

目录

CONTENTS

本书的出版，是让文物"活"起来的有效方式，为福建文物的保护和宣传起到了一定的积极作用。

福建工艺美术各门类难得一见的文物珍品，生动地传递出传统工艺所承载的文化底蕴与丰富内涵，也充分展示了福建海纳百川的文化性格与"格物致知"的工匠精神。毋庸置疑，

千百年来，八闽大地上，各民族在迁徙、交流以及碰撞中，相互交融，创造了璀璨的文化。这些古代器物是福建先民集体智慧的结晶，具有自己独特的文化内涵。他们承载的福建古代文明本身就是一部深邃、客观、生动的历史。在多元一体的中国古代文明进程中，形成了你中有我、我中有你的命运共同体，共同推动中国文明向前发展。

前言

"只应文物开王会，珥笔曾夸太史鱼。""近世诗界三杰"之冠黄遵宪有诗道文物。

文物，顾名思义，文化产物也。远溯其源，最早见诸《左传·桓公二年》："夫德，俭而有度，登降有数，文物以纪之，声明以发之。"不过，此之载文物系礼乐、典章制度的统称。"文物俄迁谢，英灵有盛衰。"（骆宾王）"六朝文物草连天，天淡云闲今古同。"（杜牧）唐诗中的文物则转向指代前朝遗物。北宋中叶，以青铜器、石刻为主要研究对象的金石学兴起，人们把各种古代器物统称为"古器物"或"古物"。到了明代尤其是清初，"骨董"代称了古物，所谓肉腐而骨存，寓意过往历史精华保存之器物。后来，"骨董"渐变为"古董"，"古董"又渐变为"古玩"。因此，很多人把古物、骨董、古董和古玩视作文物似乎情有可原。不过，文物诚若古董，又非等同于古董。例如，在时间范畴上，文物涵盖了从古至今人类活动的一切时代，而古董和古玩至少未含现代和当代。在内涵外延上，文物包括了书画、碑帖在内的古今有价值的遗物，亦把古脊椎动物和古人类化石等视作保护对象，而古董和古玩多指书画、碑帖以外的古器物。再以价值而论，文物是一切具有代表性的文化产物，是重在体现历史、艺术、科学价值的一切优秀文明成果，而古董和古玩偏重于经济价值和艺术鉴赏需求。

准确地说，文物是指人类在社会活动中积累和遗留下来的具有历史、艺术、科学价值和启迪教育意义的遗迹和遗物，是有形可见的物质存在，主要包含可移动文物和不可移动文物两大类。联合国教科文组织（UNESCO）把文物称作为"文化财产（Cultural Property）"或者"文化遗产（Cultural Heritage）"。放在中国的语境下，暂且不论非遗等其他相关概念，前者似可指代可移动文物，后者更似指代不可移动文物。

可移动文物就是可以移动变动的文化遗产，当然其移动性也是相对且变化的。一般而言，可移动文物分为珍贵文物和一般文物。珍贵文物是经文物专业机构鉴定评定为一级、二级、三级的文物。可移动文物主要由国家、集体单位所有和典藏，也可由机构和个人合法拥有和收藏。国家文物局组织了第一次全国可移动文物普查，统计全国国有文物收藏单位现有可移动文物逾 1 亿件（套）。其中，福建共普查可移动文物 469222 件（套）（769364 件），收藏在全省 103 家国有博物馆、纪念馆以及其他国有收藏单位之中。这个数字是会变化的，总体处在渐进增长的走势中。

70 多万件文物琳琅满目，目不暇接，组构而成的福建历史星空繁星闪烁，扑朔迷离。

文物就是历史的文化器物，从其最根本的历史价值而论，无疑最具物证历史的特殊作用。文物自身就是历史文化舞台的情景摆设，观者更可借助文物回望人类社会进步的历程，触摸古代文明发展的脉搏。那或粗糙不堪并不起眼的旧石器、或磨制有形令人刮目相看的新石器，都曾是人类与自然拼搏相争的利器，也是人类进化演变长史的实证。且听一代伟人毛泽东的咏史感叹："人猿相揖别，只几个石头磨过，小儿时节。"福建多地出土的有锻石锛等石器最具特色，引起学界广泛关注。漳州市博物馆藏青铜时代穿孔石戈，就是古人精细磨制而成，既可为兵器，也可为礼器，无疑是 3000 多年前人类从打制石器到磨制石器，从狩猎生产到兵伐礼祭，从石制器物到"藏礼于器"青铜器时代的华丽转身与凤凰涅槃。

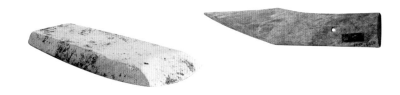

历史文献记述的夏、商、西汉至春秋战国时期，经历了1500多年，为中国历史上的青铜时代，是华夏五千年文明的重要时段。青铜器的出现和运用是人类智慧改变社会发展的重大成就，也是中国古代礼制世界的秩序符号。《左传》有载："国之大事，在祀与戎。"于是，青铜器因其"在祀与戎"中的特殊地位而得以在可移动文物类型中独树一帜。诚然，福建进入青铜时代要晚于中原地区，青铜制造远逊于中原地区，既不见中原出土的司母戊大方鼎、四羊方尊一样厚重而精美，也没有三星堆遗址出土的青铜神树、纵目造像那般高大而神奇，但是，福建考古出土的青铜器物不容置疑地物证了这段历史和这段历史时光的无上荣耀。1978年，建瓯黄科山出土的西周云纹青铜大铙是迄今福建出土的最大青铜器，通高77.8厘米，重100.35公斤，双范合铸而成，铸造精细、造型稳重、纹饰精美，现藏于福建博物院，堪称"镇院之宝"。

福建虽不以青铜器物见长，却不代表福建青铜和其他金属冶炼铸造技术落后，如安溪的冶铁技术在宋代已扬名世界，北宋李纲铜至今仍锋芒毕露，邵武水北镇庵窠窖藏出土的银鎏金"踏莎行"人物故事八角杯等一整套器物让人爱不释手……但或许是八闽文化的特色使然，陶瓷技艺出类拔萃地恣意纵横，从而书写了"融土与火"的福建陶瓷篇章。

陶器的发明使用是人类社会从旧石器时代发展到新石器时代的重大事件。陶器不仅以其智慧创造和技术进步促进社会大踏步前行，也因其制作技艺和装饰艺术的上升体现人类审美意识的逐步增强。霞浦黄瓜山遗址、闽侯昙石山遗址等新石器时代遗址出土了不少彩绘陶器，不啻为一件件艺术精品。昙石山遗址出土的新石器时代塔式陶壶，有"中华第一灯"的猜想与美誉，黄土仑遗址出土的商代印云雷纹硬陶鬶形壶、商末周初印纹硬陶锥刺纹带把杯，令人怀想几千年前福建先人的浪漫与幸福生活。

瓷器是古代劳动人民的一个重要的创造，林林总总，形形色色。瓷器总体分为单色釉瓷和彩绘瓷两大类，单色釉瓷包括素瓷和色釉瓷，素瓷包括青瓷、黑瓷、白瓷、青白瓷等，色釉瓷包括红釉瓷、酱釉瓷、蓝釉瓷、黄釉瓷、绿釉瓷、紫釉瓷等。这些瓷器种类在福建历史上几乎都曾出现。青瓷也叫绿瓷，是最早出现的瓷器，早在相当于中原夏商时期，德化、永春交界处的苦寨坑、辽田尖山就开始生产我国最早的原始青瓷。如果说中国是瓷器的故乡，那么福建就是原始青瓷的故乡，也是多种特色瓷器的发祥地，尤其是福建的黑瓷、白瓷独具特色，可谓黑白双璧，交相辉映。

一个时代有一个时代的星光灿烂，一出人生有一出人生的风华卓绝，一种文化有一种文化的诗意盎然。诚如，龙团凤饼、建本建盏或许可喻为赵宋时光雅士文人梦想的星辰与大海。大宋的徽宗不能算是一个治国理政堪担大任的好帝王，但绝对是一个才华横溢慧眼独具的文艺"大咖"，他为汝窑瓷烧成御批："雨过天青云破处，这般颜色做将来。"便有了"天青汝瓷"的不老传说。宋徽宗对福建的茶和盏亦情有独钟，称誉建瓯"龙团凤饼，名冠天下"，建窑建盏"兔毫连盏烹云液，能解红颜如醉乡。"他的"代言"让时人与后人对建盏奉为至宝，两宋很多名人都是它的粉丝，苏轼、欧阳修、陆游等，我们熟知的这些大文豪都不惜笔墨热情咏颂建盏与闽茶。

"何年碧像灵岩栖，踏碎琼瑶尽作泥。烨烨宝光开佛土，晶晶白气压丹梯。"明代诗人诗中极尽赞美的是与建窑黑盏色彩绝对反差的德化窑白瓷。德化白瓷外观恬净温润、白如凝脂，俗称"猪油白""象牙白"，马可·波罗最早将之带到了欧洲，因此又称为"马可·波罗瓷"。号称要浪漫可以不吃饭的法国人瞬间被马可·波罗瓷所惊艳，将其称为"中国白""鹅绒白"。据说，马克思也曾被德化白瓷深深吸引，现在的大英博物馆阅览室里，不仅保留着马克思写《资本论》的座位，还陈列着几尊马克思曾研究过的德化白瓷佛像。以一抹素雅圣洁超凡脱俗惊艳世界的"中国白"，也成就了众多制作"中国白"的能工巧匠。明代嘉靖、万历间的何朝宗助"中国白"名闻遐迩，他的作品以达摩、观音、罗汉等佛教人物居多，被视为"世上独一无二的珍品"。

福建文物，种类众多，其中寿山石雕、漆器等门类不可或缺。寿山石是福州特有的名贵石材，元代篆刻家以叶蜡石作印材，使寿山石名冠"印石三宝"之首，明、清二代帝王将相的青睐热衷，更把寿山石雕推向鼎盛高峰，亦为后人遗留下众多寿山石雕艺术珍品。漆器制造在福建有数千年的传统，南宋时期便十分兴盛，素漆、剔犀、戗金、雕漆、堆漆等工艺十分先进，清代沈绍安利用古代"夹纻"技法，制造出脱胎漆器，异军突起，誉满天下。

唐诗如酒，宋词似茶。文化是有灵魂和气质的，文物也就有了品性和个性。书画是中国文化的重要标识，"惜哉功名忤，但见书画传。"诚哉，杜甫诗言。王希孟年方十八绘成《千里江山图》，一卷成而名垂中国绘画史册，却不见史记其终，多言系英年早逝。鸣呼哀哉！所幸一幅《千里江山图》重现了"只此青绿"的独特风韵，也永生了北宋少年的旷世奇才。宋徽宗和王希孟未必涉足过八闽之地，但

他们一定心系着这块有茶有盏有柳永有蔡襄的文化高地，中国历史上各朝各代跋涉到过福建的名家大儒不在少数，也留下了众多的诗词文章和书画翰墨。公元1178年，陆游被朝廷贬到建宁府（今建瓯）为官，依然不失豪放也不乏真趣地作《试茶》诗："北窗高卧鼾如雷，谁遣香茶挽梦回？绿地毫瓯雪花乳，不妨也道入闽来。"自然，福建这片福山福水有福之土孕育了许多书画人才，如若"苏、黄、米、蔡"宋四家的蔡襄，明清二代更是名家辈出，有如张瑞图、黄道周、华嵒、上官周、伊秉绶、黄慎等。古玩收藏爱好者因文物具有较高的艺术鉴赏价值，故而将其泛称为收藏艺术品，文物中的书画作品显然最具代表性。

"江山代有才人出，各领风骚数百年。"历史长河川流不息，浩浩荡荡地涌上了中国历史的一个新阶段，中国共产党领导中国人民革命、建设和发展，凝心聚力奋力实现中华民族伟大复兴。百年党史与征程，百年艰辛与探索，百年苦难与辉煌，积淀形成了众多的革命文物。革命文物是中国文物的重要构成和特色品牌，也是红色文化的历史见证和直观载体，还是中国共产党人的初心物语和红色基因。正如

习近平总书记指出："革命文物承载党和人民英勇奋斗的光荣历史，记载中国革命的伟大历程和感人事迹，是党和国家的宝贵财富，是弘扬革命传统和革命文化、加强社会主义精神文明建设、激发爱国热情、振奋民族精神的生动教材。"福建是中国革命文物的大省，全省国有馆藏可移动革命文物 14 多万件（套），名列前茅，几近占全国 100 多万件（套）的七分之一，《岩声》《浪花》，苏区邮票、袖章、苏维埃政府印信、布告，将军授衔命令、服饰……一件件革命文物诉说着战争与和平年代的动人故事，印记着红色风华的鲜亮底色。

八闽物语，品味福建馆藏精品文物；管中窥豹，视界福建历史风云面貌。

《八闽物语——福建馆藏文物精品》对全省国有可移动文物进行了全面梳理，从 70 多万件可移动文物中精心挑选 170 多件精品，分为器物、工艺、书画以及革命文物等篇，以器载道、巧夺天工、翰墨聚珍、红色风华，精品呈现，图文并茂，供读者品鉴文物，咀嚼英华，俨然文化与精神的饕餮盛宴。

众所周知，"博物馆热"扑面而来，文物每每成为热搜，不再高居圣殿高堂孤芳自赏，也不再静处冷寂库房缄默无语。从《国家宝藏》《如果国宝会说话》，河南春晚《唐宫夜宴》、央视春晚《只此青绿》等国内节目以及 BBC《文明》《博物馆的秘密》《美物：瓷之狂热》等国外文物纪录片就可见一斑。但是，如何在当今进入元宇宙的崭新时代，让文物在"保下来"的前提下，更好地"活起来"，更好地链接社会，进入寻常百姓家；如何让文物中蕴含的文化"亮出来"，更好地"走出去"，提升中华文化国际传播力和影响力？这些仍然是品味《八闽物语——福建馆藏文物精品》之余需要延伸思考的话题。

2022 年 5 月

福建可移动文物类别分布

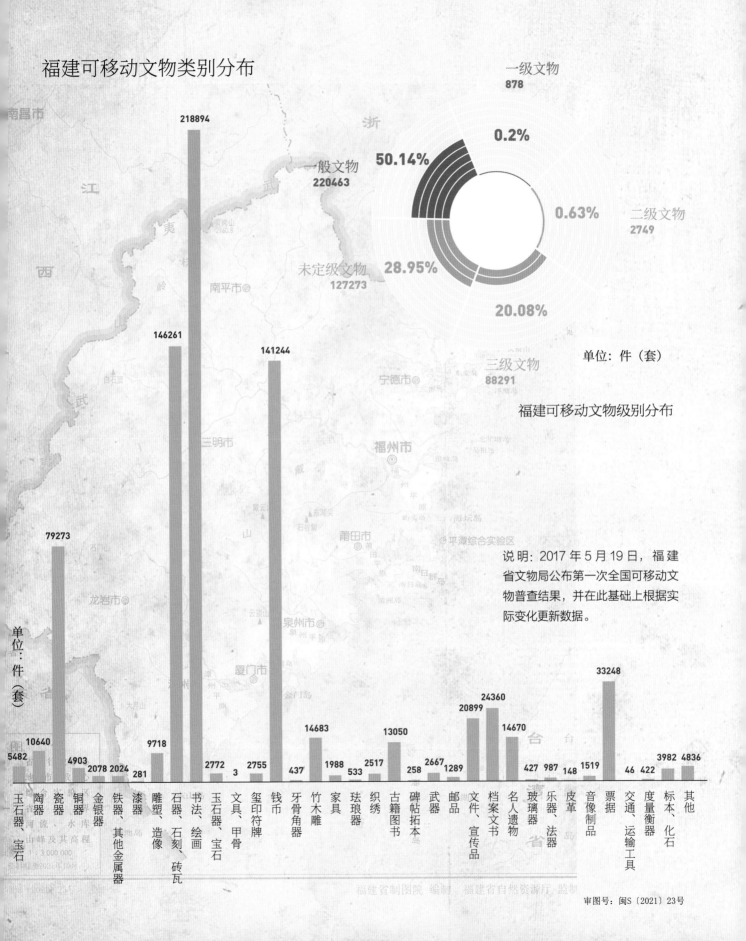

一级文物
878

0.2%

50.14%

一般文物
220463

二级文物
2749

0.63%

未定级文物
127273

28.95%

20.08%

三级文物
88291

单位：件（套）

福建可移动文物级别分布

说明：2017 年 5 月 19 日，福建省文物局公布第一次全国可移动文物普查结果，并在此基础上根据实际变化更新数据。

单位：件（套）

类别	数量
玉石器、宝石	5482
陶器	10640
瓷器	79273
铜器	4903
金银器	2078
铁器、其他金属器	2024
漆器	281
雕塑、造像	9718
石器、石刻、砖瓦	146261
书法、绘画	218894
玉石器、宝石	2772
文具、甲骨	3
玺印符牌	2755
钱币	141244
牙骨角器	437
竹木雕	14683
家具	1988
珐琅器	533
织绣	2517
古籍图书	13050
碑帖拓本	258
武器	2667
邮品	1289
文件、宣传品	20899
档案文书	24360
名人遗物	14670
玻璃器	427
乐器、法器	987
皮革	148
音像制品	1519
票据	33248
交通、运输工具	46
度量衡器	422
标本、化石	3982
其他	4836

福建省制图院 编制　福建省自然资源厅 监制

审图号：闽S〔2021〕23号

以器载道

器物篇

以器载道

器物篇

福建古代文明有什么特色？在多元一体的中国古代文明进程中扮演什么样的角色？不同专业背景、生活阅历的人们可能有不同的答案。对于我们来说，最具权威的答案是古代器物，它们既是历史文明的见证者和亲历者，更是福建古代文化的承载者。这些器物不仅能生动地反映当时社会的政治、经济、军事、文化等各方面情况，通过它还能了解当时人们的生产、生活、宗教信仰以及思想观念、审美理念、价值取向、生活情趣等各方面的内容。从这些不同质地的古器物身上，我们可以触摸福建古代文明发展的脉搏，管窥福建历史文化的本来面貌。

"人猿揖别"的石器

石器的产生最终促使人类与猿揖手而别，它是人类最早使用的主要工具。原始人群凭借粗制的打制石器进行渔猎采集来维持种群的发展。在漫长的进化过程中，人类不断改进自己的生产工具，出现了形态更精美，功能更精细的磨制石器，如用来砍伐斫削的石锛、石斧等。工具的改善进一步促进生产力提高，人们学会了刀耕火种，逐渐产生了原始的种植业和畜牧业。除了成套的粮食种植、加工工具外，渔猎工具与武器也很流行。到了青铜时代，石质礼、乐、兵器获得了飞速发展，较石器时代更为发达，闽南遗址出土的石璋、石戈就是这一时代的反映。

"藏礼于器"的青铜器

青铜器的出现是人类首次用智慧改变了矿石的属性，从而使社会进入了一个有着严格等级的礼制世界。青铜器奇异的造型和繁缛的纹饰，形成了"象"和"意"的统一，成为沟通人神的媒介，是古人图腾、巫术和宗教理念的审美体现。由于自然地理环境、社会经济发展等原因，福建进入青铜时代要晚于中原地区，制造青铜器的手工业也远不如中原地区发达。福建考古出土的青铜器主要有兵器、礼乐器、生产工具、生活用具等。这些青铜器中除了小部分生产工具和生活用具由福建本地制造，礼乐器、兵器等大部分由外地输入。

"融土与火"的陶瓷器

陶器的发明是人类最早利用化学变化改变物质天然性质的开端，作为人类社会从旧石器时代发展到新石器时代的标志之一，是人类向自然界斗争中的一项划时代的发明创造。随着农业产生的发展和生活方式的改变，人们开始了定居生活。在长期使用火的过程中，人们逐步认识到成型的黏土经火烧后坚硬不易损，又具有耐水性，便有意做出各种形态的器物经火烧过之后使用，大大方便了生活，就这样出现了陶器。技术的进步与人类审美意识的逐步增强，先民们又开始在已制好的陶坯上，用彩色颜料绘出一幅幅稚拙、古朴的装饰图案，普通的陶器在陶工灵巧的手中，变成了一件件艺术精品。福建霞浦黄瓜山遗址、闽侯昙石山遗址等新石器时代遗址都出土不少彩绘陶器。进入青铜时代，中原的青铜器占据时代主流，但在广大的南方百越地区，表面拍印纹饰的陶器和施釉的原始瓷登上历史的舞台，成为中国文明进程中多元格局的重要组成部分。早在相当于中原夏商时期，福建泉州德化、永春交界处的苦寨坑、辽田尖山就开始生产我国最早的原始青瓷。西周早期，原始青瓷的生产中心转移到闽北武夷山地区，其产品除了供应福建本地需要，还通过某种方式和途径交流到北方，成为北方王室贵族的奢侈品，经常伴随青铜器在都城遗址或者王侯等级的大墓出土。

北宋时期"斗茶"文化兴起，理学思想盛行，建阳水吉建窑生产的黑釉盏在各种茶具中独占鳌头。自然天成的兔毫纹、鹧鸪斑纹、油滴、曜变等纹理符合宋代士大夫崇尚自然，回归自然的极简美学，曾经作为贡品给皇室使用，得到最高统治者的大力宣扬。宋徽宗不仅在《大观茶论》中对其赞赏有加，还作诗词以表建盏斗茶之欢愉。南宋以后，泉州港、漳州月港、厦门港先后兴起，海外贸易蓬勃发展，凭借地利之便，福建出现一大批"向海而生"的外销瓷窑址，各个窑址为了生产适销市场的产品，除了模仿国内名窑产品，还针对海外市场生产来样定制的产品，最终形成自己的独特风格。如宋元时期德化窑的青白瓷、明清时期的白瓷、青花瓷，磁灶窑的酱釉、绿釉瓷，漳州窑"克拉克瓷"风格的青花瓷器、彩绘瓷器，东溪窑的米黄釉瓷等，它们都成为海上丝绸之路的畅销货品，为推动我国社会经济发展做出了重要贡献。

"巧夺天工"的金银器和玉器

金银器在我国古器物中占有重要位置，集装饰、实用、价值于一身，是中国传统文化艺术的重要载体。金银制品在青铜时代就已出现，至唐代开始盛行。宋代，随着封建城市的繁荣和商品经济的发展，金银器一改唐代雍容华贵之风，种类更加丰富，形体更加轻薄精巧，生活气息也更加浓厚，制作工艺达到了前所未有的高度。福建邵武故县窖藏出土一批制作工艺精美的银器，有着很高的科学、艺术价值，是研究福建手工业发展、社会经济生活和艺术等方面的重要资料。

玉源于大自然，中国古人对玉的认识和使用历史非常悠久，最远可以追溯至上古时期，当时的原始先民把玉看作是天地间的灵气之物，是一种身份和地位的象征，同时，玉也是"礼制"的重要构成部分。古人日常生活中会用到玉，甚至丧葬方面也第一时间想到了玉。古人坚信，玉可以防止尸体腐烂，只要尸身不腐，就有再生的可能。福建古代的玉器文化不甚发达，很少发现礼器等，只有在部分墓葬、遗址中出土过一些小型的玉饰件，如带钩、玉璜、玉环等。

"多元融合"的宗教石刻

宋元时期伴随"海上丝绸之路"的兴盛，各种外来宗教在福建传播开来，其中尤以作为"宋元中国的世界海洋商贸中心"泉州为甚，伊斯兰教、天主教、摩尼教、基督教、印度教等在漫长历史发展过程中和谐共存，为泉州留下了大量丰富多彩的宗教文化遗产，如宗教寺庙的建筑构件、教徒墓碑和墓盖石等。这些宗教石刻艺术丰富多彩，题材广泛，雕刻技艺精湛，反映了泉州多种宗教在各自的发展过程中，相互渗透、相互吸收，甚至相互融合，为研究我国宗教历史提供了珍贵的实物史料。

一部八闽古器物史，其实就是一部福建文化、文明发展史。远古时期的福建，自然环境恶劣，生产力低下，生产工具和社会文明都落后中原地区，西汉武帝以"东越狭多阻，闽越悍，数反复""终为后世患"为由，最终一把大火将闽越国都城付之一炬，还下令将民众全部迁往江淮间安置，武夷山城村汉城遗址出土的闽越国"万岁"瓦当、鸟钮灰陶香薰等几成绝响，福建文明自此中断几近数百年。直至三国两晋南北朝时期，八王之乱、永嘉之乱，使得中原士族被迫"衣冠南渡"，福建文明才又赢得发展契机。这些移民不仅带来了精美的生活用品，如霞浦西晋青釉双耳盘口壶、西晋元康六年青瓷虎子等，还将中原地区先进的生产工具和生产技术引入福建。他们架桥修路，拦溪建坝，兴建水利工程，将蛮荒之地变为万亩良田，人口、经济得到快速发展，文化得以繁荣。唐末五代，北方藩镇割据，战乱频繁，福建的统治者休养生息，抓住有利时机发展生产，同时因地制宜，铸造钱币，广开财路，积极"招来蛮商"，发展对外贸易，大大促进福建与海外商品交流。在泉州承天寺发现五代闽国铸币遗址，出土一大批"永隆通宝"钱范，这些钱范字迹各不相同，版本种类丰富，铸造手法十分粗糙，说明当时福建海外贸易对钱币的需求量是非常大的。而福州五代刘华墓出土的洋溢着异域风情的孔雀绿釉陶瓶也是这个时期漂洋过海来到福州，成为王室成员的心爱之物，随之长眠于地下。

宋元至明清时期，一代又一代的福建商人，在海神妈祖的庇佑下，突破重重艰险，为生存和梦想劈波斩浪，将中国的瓷器、丝绸、茶叶等运往世界各地，架起了与世界文明交流互鉴的桥梁。随同商品一起的，还有各种先进思想和文化的流通。宋代建盏从籍籍无名的闽北山区走向中原深宫，走出国门，并被日本的上层社会接纳，迅速成为日本茶道界一颗耀眼的明星。这不仅仅是因为建盏那瑰丽的纹理，更重要的是建盏那自然厚重的质地、幽深钝黯的光泽、冷寂的触感，承载了他们对禅宗的思想和美学理想的感悟，是物的秉性与宗教思想在深层交汇的火花。

总之，千百年来，八闽大地上，各民族在迁徙、交流以及碰撞中，相互交融，创造出璀璨的文化。这些古代器物是福建先民集体智慧的结晶，具有自己独特的文化内涵。他们承载的福建古代文明本身就是一部深邃、客观、生动的历史，同时也是我国古代海洋文明的先驱。在多元一体的中国古代文明进程中，形成了你中有我、我中有你的命运共同体，共同推动中国文明向前发展。

（羊泽林）

以器载道
器物篇

新石器时代塔式陶壶

新石器时代（距今约 5500—4000 年）
泥质灰陶 陶器
顶径 3.5 厘米 足径 11.8 厘米 通高 28.6 厘米
未定级
福建博物院 藏

该器物平顶，长颈，实心，顶缘外凸且起棱两道；扁折
腹，上、中腹各起棱一道，颈腹交接处镂一椭圆形大孔，
腹部中空；下为喇叭形圈足，足部有 4 个对称的不规则
圆形镂孔。通体呈灰黑色，素面，有"中华第一灯"之誉。
福建闽侯昙石山遗址出土。

＊＊＊＊＊＊＊＊＊＊＊＊＊＊＊＊＊＊＊＊＊＊＊＊＊＊＊＊＊＊＊＊＊＊＊＊＊

昙石山文化，是中国东南地区最典型的新石器文化遗存之一，
因福建闽侯昙石山遗址而得名，年代距今四五千年。昙石山
遗址为长条形山丘，面积 5000 平方米。临靠闽江，高出水
面 10—20 米，周围是闽江下游的冲积平原及低山丘陵。文
化层堆积中包含大量的贝壳，是典型的史前贝丘陵。自 1954
年以来，昙石山遗址先后经过 10 次规模不等的考古发掘，
发现了大批墓葬和灰坑、壕沟、陶窑等遗址，出土大量的陶
器、石器、骨器、贝器、玉器等文物。

新石器时代陶豆

新石器时代（距今约 5500—4000 年）
泥质灰陶 陶器
口径 16.2 厘米 足径 12 厘米 腹径 17.9 厘米 通高 10 厘米
国家一级文物
福建省昙石山遗址博物馆 藏

该陶豆为泥质灰陶，小侈口，上腹转折居于近口处，且平斜
呈斜肩状，下腹浅弧至底。矮圈足，圈足上饰三个圆孔。这
是新石器时代常见的陶器。

新石器时代盘口鼓腹小圈足泥质彩陶罐

新石器时代（距今约 5500—4000 年）
泥质黄陶 陶器
口径 12 厘米 足径 10.5 厘米 腹径 21.5 厘米 通高 18.2 厘米
国家一级文物
福建省昙石山遗址博物馆 藏

该陶罐为泥质黄陶，盘口，束颈，圆鼓腹，腹中部起锯齿状凸棱，下附喇叭形矮圈足。上部及口沿内侧施红彩，下腹部饰交错绳纹。这是新石器时代常见的器型，但施有红彩的较少见。

新石器时代棕色彩绘带柄陶壶

新石器时代（约前 3000）
陶 陶器
通高 10.5 厘米 口径 10.1 厘米 底径 7.7 厘米 柄长 3 厘米
国家一级文物
福建博物院 藏

这件彩绘带柄陶壶，罐矮颈，折腰，腹部附一向上翘的羊角状短把手，矮圈足，器表饰绳纹，间绘红色圆点纹，口沿内壁一圈绘红色竖条纹。1965 年出于昙石山遗址下层堆积中。

昙石山遗址下层，一般认为属于昙石山文化的早期。这一时期的陶器，以细砂红、灰陶和泥质磨光红陶为特点。遗址出中土的彩绘陶，数量很少，花纹也很简单。这件羊角状把手的陶壶，器表及口沿施红色几何形图案和圆点纹彩绘，华丽夺目，是昙石山文化遗址的代表性器物之一。

＊＊

1964—1965 年，昙石山遗址在以往 5 次发掘的基础上进行了第六次发掘。这次发掘规模最大，出土资料也最丰富。在这次发掘报告中，把遗址内涵分为下、中、上三个不同的文化层，并认为"三个文化层的遗物是有区别的"，但其"基本特征还是一致的"。之后的几次发掘，随着出土资料的增多，昙石山文化的研究日盛。根据目前多数人的看法，昙石山文化是以昙石山遗址下、中层为代表的新石器时代遗址。至于昙石山的上层遗址，内涵比较复杂，属于性质完全不同的遗存，不应该包含在昙石山文化之中，而是同东南地区"以几何印纹硬陶为主的文化"一样，属于青铜时代的文化遗存。

新石器时代棕红色彩绘硬陶杯

新石器时代（约前 3000）
陶 陶器
通高 7.3 厘米 口径 10.6 厘米 足高 1.4 厘米 足径 5.8 厘米
国家一级文物
福建博物院 藏

这件棕红色彩绘陶杯，时代为新石器时代晚期，在昙石山遗址第六次发掘时，出土于昙石山遗址中层遗址堆积中。器形为直口、直腹、短圈足，口颈部呈棕红色，腹部拍印网纹，陶色橙黄，陶质较细腻。耀眼的红色彩带与网格纹结合，浅黄胎与红彩配合得宜。

昙石山中层出土的陶器，和下层类似，仍以手制为主，轮制技术已有所发展。造型比较规整，器类和纹饰也有所增加。彩绘的杯、方柱形足的鼎等都是中层新出现的器物。彩陶仍比较少见，用红彩或黑彩绘成点、线和云雷纹等，杯、簋的口沿部位有的绘宽带状红彩，彩纹比下层鲜艳，且不脱落。这种印纹加彩绘特征的出现，表明了昙石山文化的发达状况，从一个侧面也反映了古人在讲究实用功能的同时，也注意到陶器装饰的艺术性。通过常见的拍印、压印装饰性的纹饰，堆塑和附加饰件，磨光器表，镂孔，施以彩色陶衣、彩绘各类图案等方法，来增加陶器的艺术美感。

商印云雷纹硬陶鬶形壶

商代晚期（约前 1300）
泥质灰硬陶 陶器
通高 23.6 厘米 口径 12.4 厘米 底径 14 厘米
国家一级文物
福建博物院 藏

这件黄土仑遗址出土的商代印云雷纹硬陶鬶形壶，属于泥质灰硬陶。器物侈口、口部一侧有鬶形流、丰肩、扁折腹、底部接凸棱节状把及浅喇叭形器座，口沿与肩间附宽带状錾，錾面做数道平行竖槽，上端饰涡形泥条堆纹 2 个，颈部阴刻三角形平行斜线纹，肩腹部拍印云雷纹。这件鬶形壶，形状规整、稳重，是以往发现的印纹硬陶中所未见的珍品。

所谓云雷纹，是陶瓷器装饰上的一种原始纹样，图案呈圆弧形卷曲或方折的回旋线条，圆弧形的也单称云纹，方形的称雷纹，云雷纹是两者的统称。

* *

黄土仑遗址位于闽侯县鸿尾乡石佛头村鸿尾中学校园内，是商周时期分布于福建的一支地方文化遗存，称为"黄土仑类型的文化"。经碳 14 测定，距今 3250±150 年，初步推断年代相当于商代晚期。

黄土仑遗址出土了一批工艺精湛、富有地方色彩和仿铜器风格的几何印纹硬陶器，大部分是供宴饮或祭祀用的器皿，少数是专为死者制作的明器。其品种有豆、壶、杯、缸、钵、勺、盂、簋、尊、盘、釜、瓶、垒形器、虎子形器、鼓等 15 种，共 158 件。

商末周初印纹硬陶锥刺纹带把杯

商末周初（约前 1300）
陶 陶器
通高 11.2 厘米 口径 10.9 厘米 底外沿径 13.5 厘米
国家一级文物
福建博物院 藏

这件黄土仑遗址出土的印纹硬陶锥刺纹带把杯，器物呈筒形、
敛口、微鼓腹，单耳，夔龙状耳连接口沿与腹部，圜凹底座、
座沿出棱，外腹近底部有棱脊一周，器身阴刻双线勾连回形
纹，双线间填锥点纹。

* *

黄土仑遗址出土的陶器在装饰工艺方面具有独特风格，表现在：
折肩、起棱以及表面饰以数道平行竖槽的宽带状錾、耳、系、把
的广泛应用；大多数器物器身拍印繁缛精细的变体雷纹和大块双
线刻画回纹的组合纹饰；在器物的肩、腹、錾、耳部有捏塑的 S 形、
卷云形、漩涡形附加堆饰及羊、虎、夔龙等动物形象的装饰。

黄土仑陶器的纹饰也独具特色。按其装饰方法可分为拍印、刻画、
锥刺、堆贴 4 种。纹样中以变体云雷纹最多，这种纹饰被认为是
模仿中原铜器的蟠虺纹，即源于生活的蛇纹。所谓的"勾连回形
纹"，类似蛇的盘曲状，近似中原铜器上的窃曲纹。这种蛇样纹
饰是否与文献上记载的古代闽族崇蛇信仰、以蛇为图腾的习俗有
关，值得深入探讨。

黄土仑印纹硬陶器应是本地烧制的，它们代表了闽江下游受中原
地区青铜文化影响而具有浓厚地方色彩的一种文化遗存。

青铜时代原始青釉瓷簋

青铜时代
口径 11.3 厘米 底径 7.1 厘米 高 6.5 厘米 最大宽 13.8 厘米
国家二级文物
政和县博物馆 藏

该原始青釉瓷簋敛口，短颈，折肩，斜弧内收腹，矮圈足外撇，圈足底较宽大似玉环状，足根露胎，内底下凹，有数道同心圆轮制痕。肩饰一对绞索形卯贴，及凹凸弦纹数道。浅灰胎，青釉，色黑褐，釉下冰裂，釉多流挂，多斑疵。政和县稻香峡垅山出土。

* *

原始瓷器，出现并流行于商周时代。20 世纪 60 年代以来，通过化学结构和物理性能等方面的测定分析，认定为我国古代陶器向瓷器过渡的一种形态。无论胎和釉都表现出原始性和过渡性，因此目前学术界比较倾向应用原始瓷器这个名称。

原始瓷是随着制陶工具的逐步改善、工艺水平不断提高以及对制陶原料——陶土认识越来越清楚，渐渐烧制出的一些初达瓷器标准，但在一些方面又不够完善的器物。商周时期正是从陶器过渡到瓷器的渐进阶段，也是原始青瓷发生发展的阶段。商周到西汉时期的原始青瓷所涂的釉子是用石灰石加黏土配制而成，含铁元素，在氧化气氛中烧成，所以呈黄绿、黄褐等色。从瓷器的胎骨、施釉和火候看，基本上已具备了早期瓷器的特征。由于加工过程还不是很精细，胎和釉的配料不很准确，控制火候也不够成熟，和以后的瓷器相比质量较差，因此称"原始瓷器"或"原始青瓷"，也有称"釉陶"的。

原始瓷器在福建的发现范围很广泛，几乎遍及全省各地，如闽北的武夷山、光泽、建瓯、政和，闽江下游的福州、闽侯、福清、闽清，闽南的泉州、永春、平和，闽西的武平等。

青铜时代黑衣深腹陶豆

商代晚期（距今 3200—3000 年）

泥质红陶 陶器

通高 16.4 厘米 口径 12.6 厘米

腹围 49.0 厘米 足径 10.8 厘米

国家一级文物

漳州市博物馆 藏

该陶豆圆唇，卷沿，微侈口，曲腹折弧收，喇叭形小圈足。口沿两侧各有二个圆形小穿孔，内底有"门"形刻画符号，施釉后刻画，符号清晰。外施酱釉，腹部折沿处釉色脱落。

此陶豆为虎林山编号 18 号墓葬出土的器物，是浮滨文化在福建漳州地区地方性"虎林山类型"的代表性器物。

＊＊＊＊＊＊＊＊＊＊＊＊＊＊＊＊＊＊＊＊＊＊＊＊＊＊＊＊＊＊＊＊

2000 年下半年，漳州至龙岩高速公路进入建设阶段，漳州市文管办及时派员对工程涉及的地段进行全面调查。市文管办工作人员于 2001 年 7 月中旬在漳州市芗城区朝阳镇樟山村虎林山基建工地发现古代遗物，并抢救清理了一座古墓葬遗迹，出土文物 30 余件。2001 年 8 月 7 日—9 月 28 日，由福建省博物馆、漳州市文管办、漳州市博物馆联合对该遗址进行正式考古发掘，出土青铜器、玉器、石器、陶器等文物 284 件。

以器载道

器
物
篇

西汉闽越国"万岁"瓦当

西汉（前 206—8）

泥质灰硬陶 砖瓦

周长 52.8 厘米 直径 16.3 厘米 外厚 2.5 厘米 內厚 1.3 厘米

国家二级文物

福建闽越王城博物馆 藏

该器为 3 块粘接，正面沿部少量破损，扁圆形，窄沿，沿旁一圈弦纹，当心凸起圆泡，正面左侧为"岁"字，右侧为"万"字，字局部残破，上部为云树纹，背部素面。背面多处破损，现破损处皆为石膏修复。城村汉城遗址出土。

这件"万岁"瓦当，保存较完整，当面"万岁"铭文篆书体苍劲富丽，云纹及箭镞形树纹构图极具特色，是西汉时期闽越国遗址出土瓦当中的精品。

西汉闽越国卷曲形双耳灰陶匏壶

西汉（前206—8）

泥质灰硬陶 陶器

腹围48厘米 口径3.58厘米 底径10.62厘米

高16.67厘米 厚度0.3厘米 重890克

国家二级文物

福建闽越王城博物馆 藏

这件西汉闽越国陶匏壶出土于浦城锦城村金鸡山M1。泥质灰硬陶，夹少量粗沙粒。匏瓜形，小口、粗短颈、溜肩、圆腹、平底。卷曲形双耳，肩腹部装饰指甲纹、锥点纹、弦纹。底部留有旋坯纹痕迹。该器纹饰精美，造型别致，是西汉时期闽越族流行的生活器皿，为同类器形中的精品。

西汉闽越国鸟钮灰陶香薰

西汉（前206—8）

泥质灰硬陶 陶器

香薰体周长31.5厘米 足径6.2厘米
　　　口径8.75厘米 厚0.55厘米

香薰盖周长33厘米 口径9.99厘米

整体通高7.9厘米 重204.3克

国家二级文物

福建闽越王城博物馆 藏

该器体由盖与豆形器身上下套合组成。盖侈口，折肩，盖面微弧，盖顶捏贴鸟形钮，钮盘有一小圆饼状泥团似意鸟蛋。盖面分内外两区，饰三角圆形镂孔，并刻画复线"V"字相连，钮盘饰云雷纹。器身子母口，折腹矮圈足。腹上部装饰连续对角线菱形纹。福建省武夷山城村新亭园M2出土。

此器造型常见于战国秦汉时期的楚越地区，是南方民族生活中品茶休憩时用于驱除蚊虫、清新空气的熏香用器。其香料多为异域输入，与当时海外贸易密切相关。

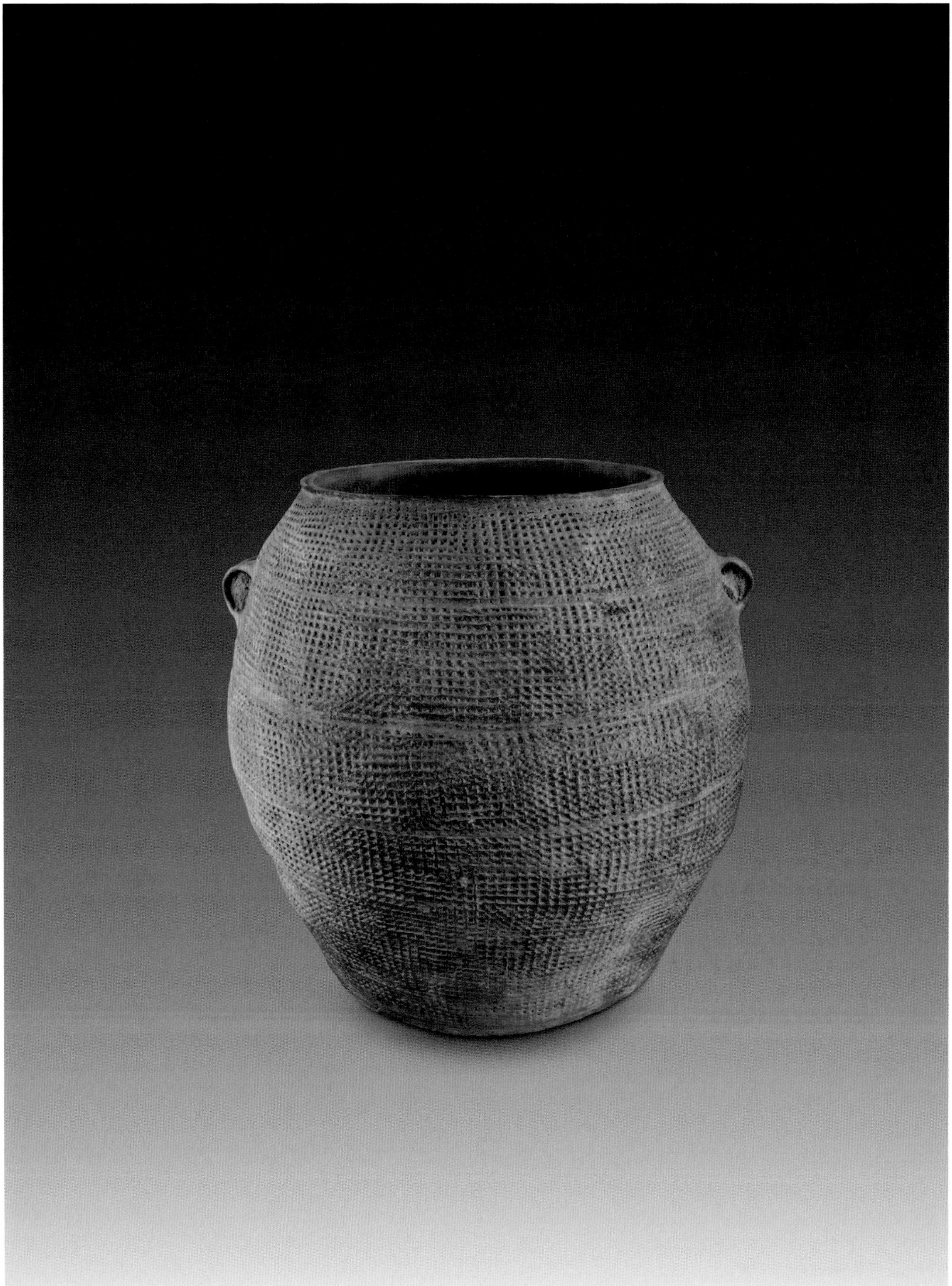

西汉方格纹双系陶瓿

西汉（前 206—8）

泥质灰硬陶 陶器

口径 23 厘米 底径 24 厘米 高 33 厘米

腹径 34 厘米

国家一级文物

浦城县博物馆 藏

该器圆唇，敛口，沿外折，圆鼓腹，平底。肩附双扁条竖形耳，通体拍印方格纹。20 世纪 90 年代出土于浦城县仙阳镇仙阳村核威工业建设工地。

* *

西汉时期浦城是闽越国经济政治的中心。1982 年在浦城县城关仙楼山东南部的基建工地发现包括匏壶、弦纹双耳罐、敛口钵和纺轮等汉代典型器物的西汉时期闽越国墓葬遗存；2003 年，临江镇锦城村发现一处聚落布局较为完整的西汉闽越国重要遗址。2018 年，在城关的龙头山遗址首次发现墓向朝北的闽越国高等级墓葬及墓上建筑，并首次在闽越国墓葬中发现随葬金属器，玉剑首和玉剑璏。这些珍贵文物极大地丰富了闽越国的历史遗存，对推动秦汉时期闽越国历史的深入研究具有重要意义。

西晋青釉双耳盘口瓷壶

西晋（265—317）

瓷 瓷器

高 21.7 厘米 口径 12 厘米 腹围 71.5 厘米

底径 12.3 厘米

国家二级文物

霞浦县博物馆 藏

该器壶身敞口，内槽，短颈，鼓腹下收，
双耳，圈足平底，施青釉不及底。1981
年 9 月出土于霞浦眉头山。

西晋元康六年青釉瓷虎子

西晋元康六年（296）
瓷 瓷器
最大长 22.5 厘米 最大高 20.2 厘米
国家一级文物
浦城县博物馆 藏

虎子身作蚕茧形，后部呈圆平形，筒形口，微敞，背负提梁，蚕茧形腹下肘虎足，口沿、颈、蚕茧身各有两道弦纹，提梁面刻画斜网格纹。灰白胎，施青灰釉。浦城县莲塘镇西晋墓出土。

* *

西晋时期，从晋惠帝登基到中毒身亡的16年（291—306）间，8个分封的皇族，为了争夺中央政权，在洛阳一带展开了混战，史称"八王之乱"。长期的战乱，使中州人民流离失所，加上大疫、洪水等自然灾害，士民畏难南迁。

浦城县莲塘镇吕处坞村发现的"元康六年（296）秋冬告作宜子孙王家"，咸康三年（337）、咸康六年（340），兴宁三年（365）、隆安三年（399）等数十座晋墓，说明在100多年的时间内，陆续有南迁的中原士民进入浦城生息安家。浦城地处福建省北部，境内四季分明，气候温暖湿润，土壤肥沃，资源丰富，为南迁的中原士族人民提供了极佳的生活、生产条件，是中原文化进入福建地区的最早区域。

五代波斯孔雀绿釉陶瓶

后唐长兴元年（930）
陶 陶器
通高 74.5 厘米
国家一级文物
福建博物院 藏

1965 年 2 月，福建省博物馆在福州市北郊新店公社战坂大队莲花峰发掘了五代十国时期闽国第三主王延钧妻刘华之墓。在出土文物中，放置于墓葬前室的 3 件孔雀绿釉陶瓶，无论是器形、纹饰或是釉色都很特别。

这 3 件陶瓶，器形都很高大，敛口、广腹、小底。通体施孔雀绿釉，釉厚晶莹。瓶内着青灰色，橙红胎，质松。

其中这件四绹纹环耳陶瓶微敛口，丰肩，长腹斜收，腹最大径偏上，平底，沿外突。肩颈部饰 4 个绹纹环形系，系孔不通，肩腹部饰 4 道粗绳状堆纹，似幡幢状。器物通体施孔雀绿釉。

* *

所谓孔雀绿釉，是一种以铜元素为着色剂的低温彩釉。这种釉陶器起源于古波斯地区。晚唐五代时期，随着海外贸易的频繁发展，从海路传入中国。

五代闽国时期，福州、泉州已经发展成为当时重要的商业城市，福州海口新辟"甘棠港"，海外贸易迅速发展，具有特色的波斯陶瓷，由波斯人或者经过阿拉伯商人输入闽国都城是很自然的事。另外，波斯釉陶的瓶、罐上常有一种环形系，系孔不通，无实用价值，纯属装饰，称之为"盲系"。扬州出土的波斯陶的系部装饰，也都是这种盲系。而孔雀绿釉瓶的四个绹纹环形系也是盲系。由此可见，刘华墓出土的孔雀绿釉瓶，与古代波斯有着十分密切的关系。

波斯孔雀绿釉瓶目前国内发现稀少，仅在扬州、福州两地有所发现，反映了古代波斯与福州、扬州之间贸易往来的频繁。

宋青白釉刻莲瓣纹凤首瓷壶

宋（960—1279）

瓷 瓷器

口径 3.8 厘米 足径 7.7 厘米 高 27 厘米

国家一级文物

三明市博物馆 藏

该瓷壶直口，细长颈，溜肩，鼓腹，圈足。口颈间塑一凤鸟，凤鸟俯首、大眼、尖喙、尾部向上立起，颈部数道凹弦纹，腹部刻有仰覆莲瓣纹。整体形象酷似一体态丰满且站立的凤凰，生动形象。通体施青釉，釉质莹润，有细小开片。凤首壶造型受古代波斯金银器型影响，是融合东西方艺术风格为一体的器物。这件宋青釉刻莲瓣纹凤首壶是三明市将乐县碗碟墩窑的代表性产品之一，充分体现了工匠高超的制瓷技艺和丰富的想象力。

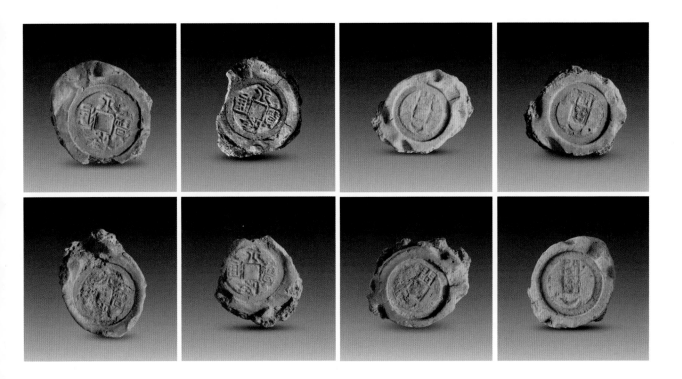

五代十国闽国永隆通宝陶钱范

五代十国（907—979）

陶 钱币

长 6.8 厘米 宽 6.3 厘米 厚度 1.6 厘米

国家一级文物

福建省泉州海外交通史博物馆 藏

20 世纪 70 年代初和 90 年代初，泉州市文物部门曾对市内基建工地作文物调查，多次在南俊巷承天寺内原废品公司加工场和市第三中学工地，发现许多永隆通宝钱范。其中第三中学只有零星发现，承天寺则发现了当时堆积较厚的文化层，且钱范数量"不计其数"。为配合寺庙建设，福建省博物馆经国家文物局批准，于 2002 年 4 月对承天寺铸钱遗址进行发掘，出土永隆通宝陶范数千件（绝大部分是残片，只有极少量相对完整）。

这 10 件陶钱范，呈圆形，泥土烧结。阴印圆形方孔，正文钱范刻"永隆通宝"四字，背文钱范刻"闽"字，下有仰月纹。正范或背范有的可见星纹。

永隆通宝钱的铸造是社会经济发展的需求，唐代以来，泉州成为福建经济中心之一，对外贸易繁荣，因此货币越显重要。

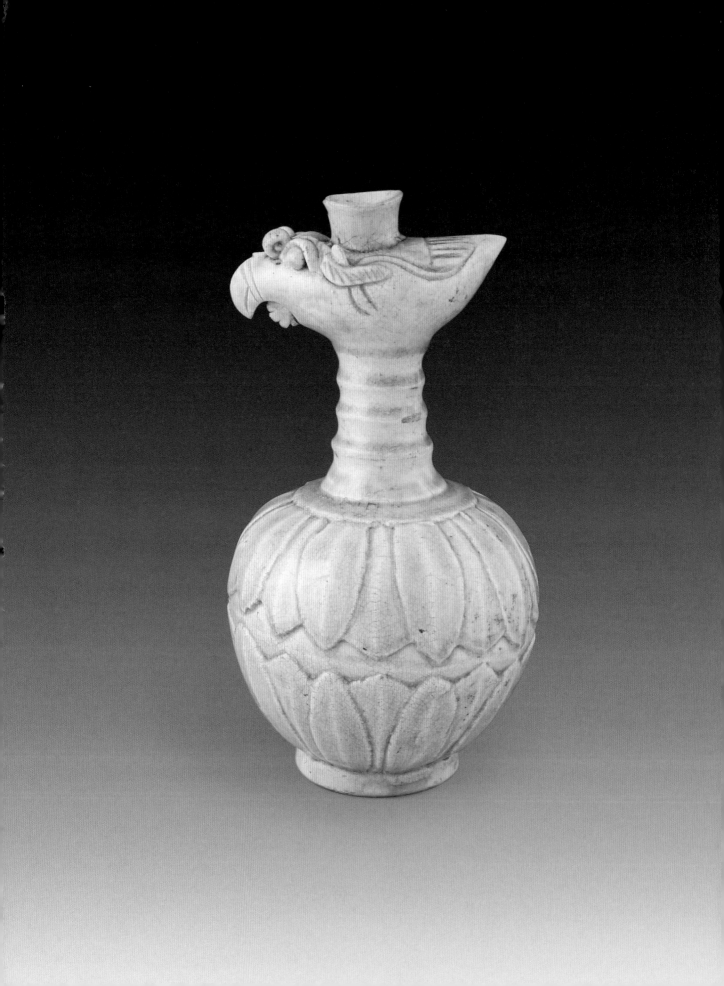

宋青釉堆塑水波龙纹带盖瓷瓶

宋（960—1279）

瓷 瓷器

口径 8.3 厘米 底径 10.3 厘米 腹径 17.3 厘米

国家二级文物

顺昌县博物馆 藏

该瓶盘口，束颈，圆肩，鼓腹，圈足；盖子口，宽
沿，笠式尖顶。颈肩部堆贴站立绕颈的龙纹，龙首
抬头，龙身刻鳞甲，背脊贴〜纹，四爪锋利；肩部
一圈堆波纹。灰胎，胎质较坚致。施青黄釉，盖里、
唇口、瓶内、近底以下无釉。器身有拉坯旋纹。

宋磁灶窑绿釉双龙戏珠纹军持

宋（960—1279）

瓷 瓷器

口径 7.2 厘米 底径 6.5 厘米 高 13 厘米

国家一级文物

福建省泉州海外交通史博物馆 藏

该器敞口，宽沿，边唇外卷，微缩颈，折圆腹。肩腹部附流，肩颈间堆贴一圈凸棱，上腹部模印双龙抢珠纹，下腹模印仰莲纹。施绿釉不及底，底露胎，胎呈灰白，有流釉现象。口沿微残，流嘴残损，已修复。1979 年出土于晋江磁灶土尾庵窑址。

* *

这种被称作"军持"的水壶，是供应海外伊斯兰教徒的外销品。它可以用来贮水，随身携带，以备穆斯林旅行途中做礼拜时净手。早在公元 4 世纪，军持就传入南洋群岛和我国，在晋朝高僧法显撰的《佛国记》中有详细的描述。宋元时期，为适应需要，晋江磁灶大量生产军持外销，体现了宋元时期泉州与东南亚地区伊斯兰文化的交流。

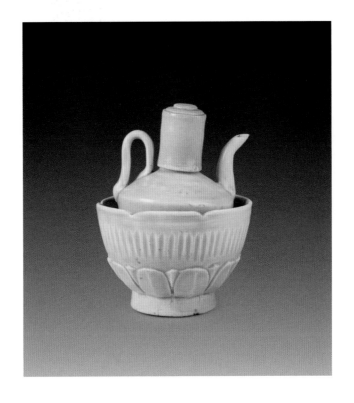

北宋青白釉刻画莲纹带盖瓷温壶

北宋（960—1127）
瓷 瓷器
高 17.10 厘米 盖口 4.20 厘米 壶口 2.60 厘米
腹径 14.65 厘米 足径 8.40 厘米
国家一级文物
将乐县博物馆 藏

该器由盖、壶、温碗构成。盖为小圆钮，双层台，管状。壶
为圆唇、小口、斜直颈，溜肩，斜弧腹，肩上曲形流，另一
侧扁宽状把手。温碗为敞口、深腹、圈足，外壁刻画菊瓣纹，
近底处刻仰莲纹。

宋建窑黑釉瓷盏

宋（960—1279）
瓷 瓷器
高 6.6 厘米 口径 12.2 厘米 足径 3.8 厘米
国家一级文物
南平市建阳区博物馆 藏

该盏束口，弧腹，圈足浅挖，修足规整。下腹部近足处旋削一周，胎色铁黑，胎质坚硬，釉色漆黑，釉面光亮，施釉至下腹部近底，口沿釉较薄，呈灰褐色，腹下部有积釉。整体造型敦厚古朴，线条流畅自然，一眼看去给人一种古意焕然的感觉。

从生产技术角度而言，烧纯黑釉要高温且要求窑内完全呈现无氧气氛。由于烧造瓷器的窑炉是龙窑，气密性不佳，很容易流入空气，因此要烧制纯黑釉是非常困难的。高难度的烧制技艺，不仅蕴含着劳动人民的智慧，也体现出建盏的艺术价值。

宋建窑酱黄釉盏

宋（960—1279）

瓷 瓷器

高 6.74 厘米 口径 12.73 厘米 足径 4.09 厘米 重 257.24 克

国家一级文物

南平市建阳区博物馆 藏

该盏深腹，小圈足，灰黑胎，胎体坚致，口沿有一处微小伤。下腹部近足处旋削一周，外腹部有明显轮旋痕。釉色一半乌黑如漆，一半呈茶叶末色，口沿釉稍薄，腹下部釉较厚，底部露胎。玻化程度较高，釉面光亮但不刺眼，给人以宁静庄重之感。口沿至建盏底部带着茶叶末一样星星点点的细碎斑纹。

此盏属于杂色釉中的佳品，由于其特殊的釉面，更显珍贵。

宋遇林亭窑黑釉描金"寿山福海"瓷盏

宋（960—1279）

瓷 瓷器

口径 11.5 厘米 底径 7.3 厘米 高 5.9-6.1 厘米

国家一级文物

武夷山市博物馆 藏

该盏侈口，尖唇，斜腹，圈足。灰白胎，黑釉，釉不及底。器内留有描金痕迹，等距分布绘有"福寿东海"4字，字旁以条纹填饰。该器采用拉抷、上釉、高温煅烧、描金、低温煅烧等技法。武夷山遇林亭窑口生产。

* *

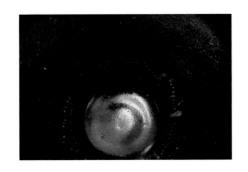

遇林亭窑位于南平市武夷山星村镇北约4公里处，面积近60000平方米，在发掘地段内，清理了宋代两座半地平焰斜面龙窑，其中一座长73.2米，另一座长达113.1米，两座窑基宽均为2米。此外，还发现了一批石构淘洗池、水井、排水沟、古路段、工棚基址等瓷器作坊遗迹，出土大量宋代黑釉、青釉瓷器及窑具标本，特别重要的是发现了一批"描金、银彩"的黑釉瓷碗，在福建同类窑址中尚属首次发现，在国内传世品中极为罕见。也有少量的盘、蝶、罐、灯盏一类生活用品。该窑址反映了宋代武夷山手工业的高度发达和经济的空前繁荣。

宋建窑黑釉酱斑碗

宋（960—1279）

瓷 瓷器

高 6 厘米 口径 12.4 厘米 底径 3.9 厘米

国家一级文物

福建博物院 藏

该碗束口，沿外撇，内沿下有一道凸边，斜腹，圈足，内壁施黑釉酱色鹧鸪斑，外壁施黑釉，近底以下露褐胎，质地坚硬。

＊＊

建窑以今天福建省建阳为代表，窑址在建阳水吉镇，以产黑瓷而著称。唐代始创烧，到了宋代尤其是南宋为极盛时期，至清代而终。建窑原是江南地区的民窑，北宋晚期由于"斗茶"的特殊需要，烧制了专供官廷用的黑盏，部分茶盏底部刻印有"供御"或"进"字样。这种瓷器在日本被称为天目盏。日本和韩国的茶道都非常重视此物。它的胎体厚实、坚致，色呈浅黑或紫黑，器型以碗、盏为主。

黑釉盏的特征：胎含铁量高，一向有"铁胎"之称，胎体厚重，呈黑灰色、紫黑色，胎质粗糙坚硬，露胎处色沉而无光。造型多样，有大小敛口、敞口等不同形式，圈足小而浅，修胎草率有力，刀法自然，釉质刚润，釉色乌黑，器物内外施釉，外釉近底足，足底无釉而露胎。釉面有明显的垂流和窑变现象，有"兔毫""油滴"和"曜变"及"鹧鸪斑"等有名的品种。目前日本所藏的几种闻名世界国宝级的"曜变"天目盏，就是建窑的产品。

黑釉盏以铁结晶形成的斑纹为饰，呈条状晶纹的称兔毫，有黄、白两色，故又有金兔毫、银兔毫、玉毫、兔斑等别称，也有呈油滴结晶状，宋人称鹧鸪斑。铁结晶呈油珠状的称为油滴，更有少数窑变花釉，在不规整的油滴周围出现窑变蓝色，尤为珍贵。

南宋—元茶洋窑黑釉兔毫瓷盏

南宋—元（1127—1368）

瓷 瓷器

口径 11.9 厘米 底径 4.9 厘米 高 4.3 厘米

国家三级文物

南平市博物馆 藏

该盏为南平市延平区茶洋窑出产的产品。束口，斜腹下收，施黑釉，黑中略泛紫，器身内外壁呈现兔毫纹，腹底垂釉，腹以下露灰白胎、浅圈足。

* *

茶洋窑的茶盏主要是仿烧建窑的束口盏和敛口盏，但也有自己的特色。

在施釉方面，延续了建盏的露胎风格，不过施釉线一般不齐，釉层相对建盏较薄，部分产品有聚釉现象，偶见釉滴珠。与建窑兔毫盏相比，茶洋窑的兔毫通常较细，且底色多泛紫或蓝。

在成型工艺上，茶洋窑茶盏的腹壁底部常常带有明显的轮旋痕，圈足较矮，一般不甚规整，挖足较浅，部分产品仅略作浅凹，接近实心足底。

茶洋窑的多数束口盏，盏腹外壁的底部，会切削成齐直台面，与圈足呈直角相连，俗称"平肩"，平肩是茶洋窑黑釉茶盏的重要特征。

茶洋窑黑釉盏所用瓷土含铁量比建盏低，胎体多呈灰白或灰色，胎骨细腻紧密，也有部分灰胎、灰黑胎，胎骨显得粗松，有些产品胎体内层有裂隙或砂眼。

明德化窑白釉双耳瓶

明（1368—1644）
瓷 瓷器
高 14.5 厘米 口径 6.7 厘米 底径 5 厘米
国家一级文物
德化县陶瓷博物馆 藏

该瓶胎白较坚硬，器表通体施白釉，微泛青色，较润滑，
胎釉结合较紧密。浅盘口，长颈，溜肩，鼓腹，底部内收，
窄饼状实足，颈部堆贴对称双耳。此类瓶一般多见中低温
釉，釉色多发黄。此瓶烧成温度较高，为明代晚期的形制。

明德化窑白釉狮形香插

明（1368—1644）

瓷 瓷器

（左）高 12.4 厘米 底长 5.4 厘米 底宽 4.8 厘米

（右）高 12.6 厘米 底长 5.4 厘米 底宽 4.5 厘米

国家一级文物

德化县陶瓷博物馆 藏

香插胎白细腻，施象牙白釉，足跟及底内里露胎。
狮子蹲坐于四方座上，分别以一前腿踏于球上。双
目圆睁，开口露齿，口衔一下垂绶带，颈部各套一
项圈，形象生动。两狮呈对称状。狮尾一侧竖立长
圆管以插香。模印成型。

明漳州窑五彩开光凤凰牡丹花果纹瓷盘

明（1368—1644）
瓷 瓷器
口径 37.0 厘米 底径 17.0 厘米 高 8.0 厘米
国家一级文物
漳州市博物馆 藏

瓷盘为圆唇，敞口，浅弧腹，内直外斜式矮圈足。灰白胎，施白釉，
足、底粘砂。腹部红彩弦纹，内用红、绿、蓝三彩绘锦地五开光
花果纹，器内底红彩双弦纹，内用红、绿、蓝三彩绘洞石、凤凰、
牡丹、祥云图案。现状基本完整，口沿磕损。

明漳州窑五彩开光阿拉伯文瓷盘

明（1368—1644）
瓷 瓷器
口径 38.5 厘米 底径 18.4 厘米 高 9.5 厘米
国家一级文物
漳州市博物馆 藏

瓷盘为敞口，圆唇，弧腹，内直外斜式矮圈足。胎厚重呈灰白色，施
白釉，足内底未满釉，足、底粘砂。内口沿红色双圈纹，下用绿彩描
绘阿拉伯文字纹，腹部八开光及盘心主题图案也都描绘阿拉伯文字纹。

明漳州窑青花水牛荷塘花卉纹瓷盘

明（1368—1644）
瓷 瓷器
口径 39.5 厘米 底径 18.2 厘米 高 8.8 厘米
国家一级文物
漳州市博物馆 藏

瓷盘为圆唇，敞口，弧收腹，内直外斜式矮圈足。胎厚重呈灰白色，
施白釉，足内底未满釉，足、底粘砂。青花发色幽青。内腹部绘
八开光花卉图案，器心青花双弦纹内绘水牛戏水图案，旁边有荷
花、山石，外腹部绘有绶带纹。

明漳州窑五彩龙纹罗盘航海图瓷盘

明（1368—1644）

瓷 瓷器

口径 34.2 厘米 底径 16.0 厘米 高 7.6 厘米

国家一级文物

漳州市博物馆 藏

瓷盘为敞口，口沿微折，圆唇，浅弧腹，内直外斜式矮圈足。灰白胎，
施白釉，足、底粘砂。口沿上红彩双圈纹，内用黑、蓝彩绘山水
楼阁图案；腹部绘星宿、岛屿、海涛、帆船、飞鱼麒麟等图案；
盘底画 24 向位罗盘；中央是简体阴阳太极二重圈，圈内写有"天
下一"字样。

以器载道

器物篇

明漳州窑蓝地白花花卉纹瓷盘

明（1368—1644）

瓷 瓷器

口径 39.4 厘米 底径 20.0 厘米 高 9.3 厘米

国家一级文物

漳州市博物馆 藏

瓷盘为圆唇，敞口，折沿，深弧腹，内直外斜式矮圈足。胎厚重呈灰白色，施蓝釉，足内底未满釉，足、底粘砂。口沿上用白釉绘点状花纹，腹部用白釉绘相间的点状花纹和条叶状花纹，盘底绘有 3 朵类似于蒲公英的图案。

* *

此器物在日本称为"饼花手"，据日方统计，在日本现仍有近 5 万件漳州窑瓷器传世，可知当时外销数量之巨大。我国制瓷技术在 17 世纪中叶以前一直处于世界领先水平。日本陶瓷学界有很多学者认为日本窑业源于对漳州窑的模仿，通过对漳州窑的模仿，日本窑业步入发展时期，直至 17 世纪 50 至 60 年代进入繁荣时期。

明"时大彬制"款紫砂壶

明万历年间（1573—1648）

陶 陶器

盖口径 6.8 厘米 盖高 3.6 厘米

壶口径 7.63 厘米 腹径 10.9 厘米 底径 7.58 厘米 高 8.88 厘米

通高 11.5 厘米

国家一级文物

漳浦县博物馆 藏

时大彬为明代著名的紫砂壶工匠，该壶为其早期作品，壶盖内沿有小磨损。壶通体粟红，布满梨皮状小颗粒，直口、丰肩、鼓腹、平底圈足、圈足至口沿外壁直，内弧，曲流，流中圆孔，柄体圆，盖顶倒立三足，足方扁，呈两个圆弧，器底阴刻"时大彬制"4字竖排楷书。1987 年 7 月出土于漳浦县盘陀通坑万历户工二部侍郎卢维祯 (1543—1610) 墓。

清乾隆漳州窑米色白釉刻牡丹纹瓷花觚

清乾隆年间（1736—1795）
瓷 瓷器
口径 18.6 厘米 高 35.5 厘米 腹围 39.5 厘米
足径 13.5 厘米
国家一级文物
漳州市博物馆 藏

瓷觚为喇叭口，尖圆唇，直筒长腹，中部鼓圆，刻画牡丹花纹，上下各饰两道弦纹。腹底外撇出棱，矮圈足呈两层台状，足跟刮釉露胎，呈淡褐色，足内满釉。足底内心印阳文篆书"大清乾隆年制"年号款。浅灰胎，胎体厚重致密，外施米色白釉，釉面莹亮，开细小冰裂纹。

该瓷器在造型、纹饰、釉色等烧制工艺上，反映了窑口的独创风格。

* *

"漳窑"名称出自清光绪十二年（1886）福建侯官学者郭柏苍所著《闽产录异》："漳窑出漳州，明中叶始制白釉米色器，其纹如冰裂"。考古资料是 1966 年山东兖州明弘治十八年（1505）巨野郡王墓出土的漳窑蟠螭尊，这是一件从科学考古中得到的有可靠年代依据的文物。传世品年代最早的是上海市博物馆收藏的明代成化漳窑佛像。此件漳窑觚器造型仿古青铜器，特别是"大清乾隆年制"纪年款，弥足珍贵，可作为断代标准器。

旧石器时代盘状刮削器

旧石器时代（距今 3 万—1 万年）

石 石器

长 11.7 厘米 宽 9.6 厘米 厚 2.1 厘米 重 384 克

国家二级文物

三明市万寿岩遗址博物馆 藏

刮削器原料为长石石英砂岩，灰黄色，以椭圆形宽大石片做毛坯加工而成的盘状刮削器。厚石片为人工台面锤击石片，长略大于宽，破裂面（底面）略呈浅凹，打击点因修理而未见及。石片后部侧面和背面经重复加工，片疤互相叠压，大小不一，呈弧状的陡刃；其他边缘均由背面向腹面敲击，故整个边都有修理，构成盘状的刮削器，个别部位敲击双向。器型规整，加工细致。

* *

这件石器出土于万寿岩旧石器时代遗址的船帆洞下文化层。1999 年 10 月至 2000 年 1 月，由省市两级专业技术人员组成的联合考古队，对万寿岩遗址进行抢救性考古发掘，发掘出土了大量的石制品和哺乳动物化石，船帆洞揭露出石铺地面、排水沟槽和踩踏面等重要人工遗迹。船帆洞发现的人工石铺地面，属全国首次发现，在世界范围内亦属少见。

新石器时代有段石锛

新石器时代（前 4500—4100）

石 石器

长 6 厘米 宽 3.2 厘米 厚 0.7 厘米

未定级

浦城县博物馆 藏

有段石锛为灰白色泥岩。磨制较精细，平面略呈梯形，体薄，背部偏上有段，呈窄台阶式，单面刃。出自浦城县龙头山遗址新石器时代晚期墓葬（M10：17）。

* *

龙头山遗址位于南平市浦城县南浦街道解放村，于 1987 年第二次全国文物普查时发现。2018 年 7 月，厦门大学历史系联合浦城县博物馆对遗址进行全面复查与勘探，采集遗物年代跨度从新石器时代延续至明清，并在山顶和东南山坡发现较厚的文化堆积。

2018 年秋至 2020 年冬，经国家文物局批准，厦门大学历史系、福建省博物馆文物考古研究所、南平市文管办和浦城县博物馆组成联合考古队，对遗址开展两次考古发掘。发掘面积近 900 平方米，清理新石器时代至明清墓葬 50 余座，及新石器时代至商周时期窑址、房址、灰坑、灰沟、柱洞等遗迹，出土金、银、铜、铁、玉、石、陶、瓷器等小件文物 700 余件（组）。

商磨光弧刃石锛

商代晚期（距今 3200—3000 年）
石 石器
长 16.8—32.5 厘米 宽 5.6—12 厘米 厚 1—2.4 厘米
国家一级文物
厦门市博物馆 藏

这是大小依次成序列的一组石锛。青灰岩，质稍软，扁平略近长方体，有的作弓背状，侧棱明显，通体磨光，规整美观；大多凹弧刃，其中 4 件刃面内凹尤其明显，也有个别平刃；一些器身侧缘或刃部有崩疤；1 件残断。

这是商周时期我国粤东闽南地区富有特色的青铜文化——浮滨文化的遗物。该文化主要使用戈、矛、凹弧刃石锛等石器，尊、釜、罐、杯等陶器和戈、矛等青铜器。这套 12 件石锛于 1985 年在福建南安县水头乡红福村赤坑石窟山出土，大小成套，十分罕见，或为生产工具，或为礼仪用器，尚待考证。根据以往的考古发现，可认定它们为同一座大型浮滨文化墓葬中的随葬品。

青铜时代穿孔石戈

商代晚期（距今 3200—3000 年）
石 石器
长 19.1 厘米 宽 3.7 厘米 最厚 0.7 厘米
国家一级文物
漳州市博物馆 藏

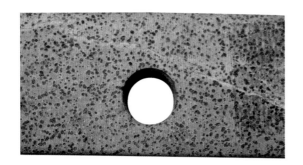

石戈为角岩化粉砂岩材质，磨制而成，礼器、兵器。介于无栏和有栏之间。似戈又似矛。细长体。内援分界，内小于援，长直内，直援，折收锋。隆脊，内有一穿。

此石戈为虎林山编号 2618 号探方考古发掘出土器物，是浮滨文化在福建漳州地区地方性"虎林山类型"的代表性器物。

＊＊＊＊＊＊＊＊＊＊＊＊＊＊＊＊＊＊＊＊＊＊＊＊＊＊＊＊＊＊＊＊＊＊＊＊

2000 年下半年，漳州至龙岩高速公路进入建设阶段，漳州市文管办及时派员对工程涉及的地段进行全面调查。市文管办工作人员于 2001 年 7 月中旬在漳州市芗城区朝阳镇樟山村虎林山基建工地发现古代遗物，并抢救清理了一座古墓葬遗迹，出土遗物 30 余件。2001 年 8 月 7 日至 9 月 28 日，福建省博物馆、漳州市文管办、漳州市博物馆联合对该遗址进行正式考古发掘，出土青铜器、玉器、石器、陶器等文物 284 件。

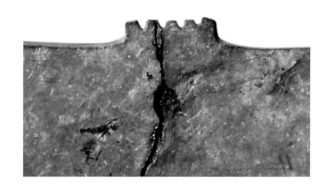

青铜时代石璋

商代晚期（距今 3200—3000 年）
石 石器
残长 25.7 厘米 宽 6.4 厘米 厚 0.6 厘米
国家一级文物
漳州市博物馆 藏

石璋呈黑灰色，石质。扁平细长体，前宽后窄，直柄，斜刃，刃部微损。璋身后段两侧对称分布 5 个小牙。磨制精美。断残，粘接。

此石璋为虎林山编号 19 号墓葬考古发掘出土器物。璋是古代礼器之一，可以反映墓主的身份和地位，该墓主人应是当时的头领人物。此石璋是浮滨文化在福建漳州地区地方性"虎林山类型"的代表性器物。

以器载道 <small>器物篇</small>

青铜时代石钏

商代晚期（距今 3200—3000 年）
石 石器
（一）长 8.1 厘米 弧长 9.3 厘米 宽 4.4 厘米 厚 0.8 厘米
（二）长 10.0 厘米 弧长 10.9 厘米 宽 4.4 厘米 厚 0.7 厘米
（三）长 8.6 厘米 弧长 9.6 厘米 宽 4.35 厘米 厚 0.9 厘米
（四）长 8.2 厘米 弧长 8.9 厘米 宽 4.35 厘米 厚 0.8 厘米
国家一级文物
漳州市博物馆 藏

石钏由同宽、不同长的 4 块弧形组成一圈。黑色，石质。体较宽，正面有 9 个凹槽，正中一道较宽大，两侧较小且对称排列。背面平整微凹。一端有二穿，另一端有一穿。磨制精细，正背面均甚光亮。其中 3 块边缘磕损、轻度风化，一块正面及一角有残损。

此石钏为虎林山编号 18 号墓葬考古发掘出土器物，是浮滨文化在福建漳州地区地方性"虎林山类型"的代表性器物。

（一）

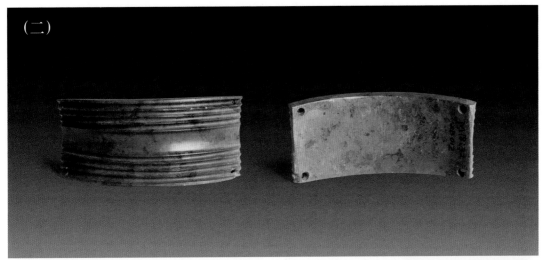

(二)

(三)

(四)

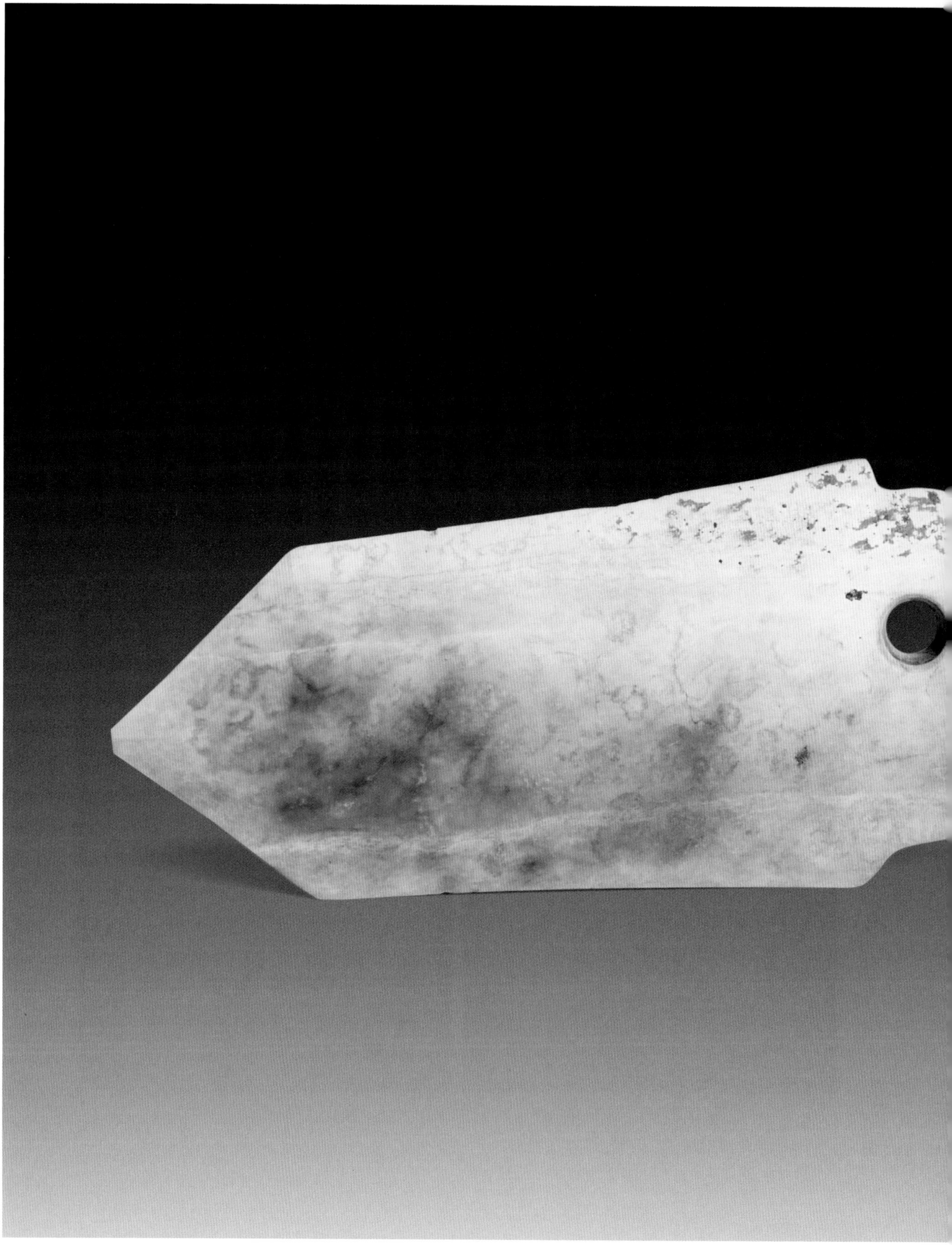

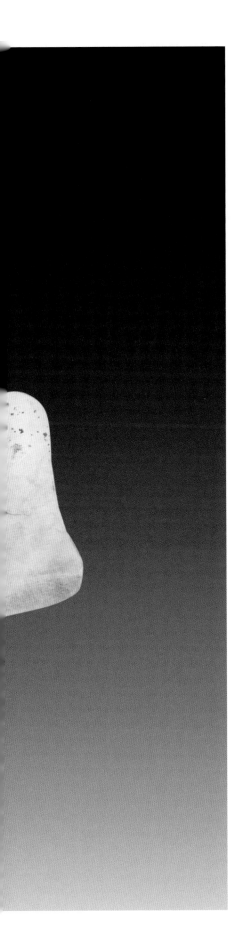

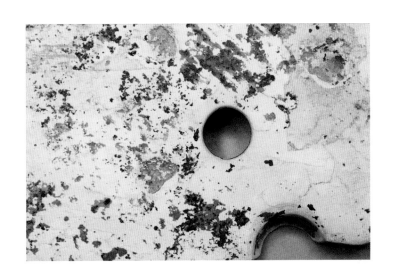

青铜时代玉戈

青铜时代
石 玉器
残长 13.8 厘米 宽 5.5 厘米 最厚 0.7 厘米
国家一级文物
漳州市博物馆 藏

玉戈为灰色，玉质。扁平体。援两侧向前斜收，扁平无脊，双面刃，至前端折收成锋。锋微残。长方内，内中部有一穿，侧缘有一个磨制成的半圆弧。磨制精细，表面光亮。尖刃微残。

此玉戈为虎林山编号 19 号墓葬考古发掘出土器物，是浮滨文化在福建漳州地区地方性"虎林山类型"的代表性器物。

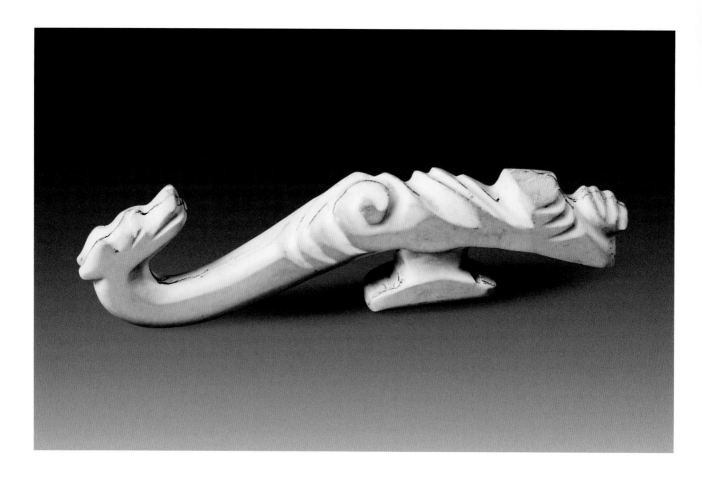

西汉闽越国龙形玉带钩

西汉（前202—8）
宝玉石 玉器
长 7.2 厘米 重 15.3 克
国家二级文物
福建闽越王城博物馆 藏

白色玉质，玉质细腻。整器大致呈S形，钩首做龙头状，龙嘴、眼、
脚栩栩如生。龙身正面及两侧阴刻曲折、卷云纹。下部有倒"T"
字形扣钮。福建省武夷山城村新亭园M2出土。

该器玉料上乘，造型优美，雕工犀利简练，线条流畅，为闽越国
出土玉器中不可多得的珍品。

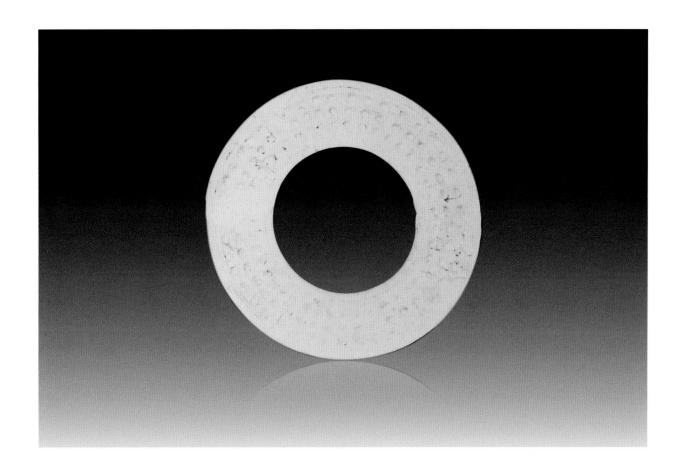

西汉闽越国谷纹玉环

西汉（前 202—8）
宝玉石 玉器
外径 6.1 厘米 内径 3.1 厘米 厚 0.38 厘米 重 12 克
国家三级文物
福建闽越王城博物馆 藏

这件西汉闽越国时期的玉环显鸡骨白，环形，器表饰三周
谷纹，横断面大体呈长方形。该器造型别致，纹饰精美。
福建省武夷山城村新亭园 M2 出土。

元印度教毗湿奴石雕立像

元（1271—1368）
石 石刻
通长 51 厘米 通宽 27 厘米 通高 124 厘米
国家一级文物
福建省泉州海外交通史博物馆 藏

印度教的三大主神，分别是创造之神梵天、保护之神毗湿奴和毁灭之神湿婆。中世纪，南印度流行毗湿奴崇拜和湿婆崇拜，这两个主神相关化身的石刻在泉州皆有发现。

这尊毗湿奴造像刻画的是毗湿奴原型，于 1934 年在泉州南教场（即今旧汽车站附近）发现。像高 115 厘米（包括莲台），辉绿岩质地，圆雕。神像头戴尖顶宝冠，两眼下视，鼻梁高耸。宽肩细腰，有 4 只手臂。上两臂举起，手持毗湿奴标志物，即右手的宝轮，左手的法螺。下两臂右手伸出，手掌已断失，应作无畏手印，左手倚一根棒形矛。双足立于半月形的束腰圆台上，台座底部有榫卯。石像整体造型保留印度本土风貌，显得高贵、静穆。衣饰表现上较印度本土的毗湿奴造像则要简洁和概括许多，纹饰很少。面部特征综合有印度人和中国人的特点。

元（1271—1368）

石 石刻

通长 56 厘米 通宽 45 厘米 通高 9 厘米

国家一级文物

福建省泉州海外交通史博物馆 藏

这方墓碑于 1946 年在泉州通淮门靠近龙宫的城墙基础内掘获,是刺桐(泉州)第三任主教安德烈·佩鲁贾的墓碑。

佩鲁贾是意大利中部的一个城市,当时来华的传教士包括中东来的穆斯林,往往在自己名字的后面再注明地名,以表示其籍贯。安德烈于公元 1313 年奉派从北京南下到刺桐当主教。墓碑的顶部已经破损,或许是圆的,也可能是尖拱状的;上面的浮雕也已磨损,只残留着十字架的下半段,天使的胳膊依稀可辨,好像还有翅膀或者飘带,但看得出来,她们是在飞翔;下面还有莲花状的承座。整个图案模糊不清。20 世纪 50 年代初,英国学者约翰·福斯特在几位考古学家和碑铭学家的帮助下辨认出,这些由中国雕刻师依样画葫芦刻出来的不很规整的文字,乃是拉丁文,而且里头有安德烈·佩鲁贾的字样。

碑文已经翻译成中文,是:
此处安葬
安德烈·佩鲁贾
圣方济各会士…
…(耶稣基督的)宗徒
(在…年月)

* *

这位刺桐主教之所以如此著名,显然与他写的一封信有关。这封信是公元 1326 年在泉州写的,寄往他的故乡意大利佩鲁贾瓦尔敦,原件至今保存在法国国家图书馆。他在信中不仅盛赞了刺桐城的繁荣,而且告诉我们许多鲜为人知的重要历史事实。他说,在中国有一座濒临海洋的大城,波斯语称它叫 Zayton(刺桐)。有一个亚美尼亚妇人非常有钱,在这个城市里建了一座大教堂,可以说没有比它更雄壮华丽的了。这位富妇还捐赠巨资来维持教堂的一切开支。而安德烈本人则在城外附近的小林中另建一座美丽的教堂。他说,中国皇帝每年给他的俸金很优厚,相当于 100 金佛罗林左右(约等于 50 英镑,这在当时是一笔数目可观的钱)。他还说,在这个大帝国境内,各国人民都能够自由居住,并信仰各自的宗教。他们这些传教士也能够在这里自由传道。而让他最感头痛的是,这个城市的犹太人和穆斯林没有一个改变信仰;至于那些偶像崇拜者,虽然接受洗礼的很多,但不少人根本不遵守基督教的教规……

安德烈的信虽然不像马可·波罗或伊本·白图泰的游记那样精彩,但他在信中所报告的内容,为我们了解元代泉州的基督教传播及其相关的情况,提供了十分可信的资料。他甚至在无意中证实了意大利人雅各所说的,刺桐城的确有不少犹太侨民,而且他们一直信仰着自己的犹太教。

以器载道

器物篇

元基督教八思巴文易公刘氏
石墓碑

元（1271—1368）

石 石刻

通长 42 厘米 通宽 31 厘米 通高 8.5 厘米

国家一级文物

福建省泉州海外交通史博物馆 藏

碑为辉绿岩石琢成。碑顶的尖拱已被凿毁，除底边外，其余三个边刻有连续卷曲花纹。碑的正中刻有一个尖拱形框，尖拱下浮雕一个四端作剑锋形的十字架，十字架下浮雕卷云图案。再下面阴刻蒙古八思巴文字二行，其左右各有一行汉字：

时岁甲子 仲春吉日

碑上的"时岁甲子"，可能是元泰定元年（1324）。此方碑刻，1948 年在泉州北门城基内掘获。2003 年，新疆大学西北少数民族研究中心牛汝极教授对两行八思巴文文字的释读为"易公刘氏墓志（易先生的夫人刘氏之墓）"。

元景教雕"十"字飞天纹尖拱形石碑

元（1271—1368）
石 石刻
高 51.5 厘米 宽 55.0 厘米 厚 9.0 厘米
国家一级文物
泉州市博物馆 藏

该石碑为青石质，尖拱形，单面浮雕。有雕刻边框线，石刻正中雕一对带羽翼的飘带飞天双手合捧持一"圣物"，"圣物"似莲台，莲台底下带柄，莲台上有一朵祥云，祥云承托一朵盛开的莲花，莲花上立一个大十字架。飞天头戴冠，冠顶有一小十字架，身披飘带，手臂裸露，背上长有双羽翼，飘在如意云海中。该石刻雕饰丰富、精美，飞天衣饰线条流畅、自然。

飞天脸部五官磨平，石刻右下角微残，边多处微损。

该石碑原砌于泉州城东北郊后茂社区魏姓村民屋后墙上，是元代泉州宗教文化繁荣发达的重要实物证明。

元伊斯兰教茜琳哈通石墓碑

元（1271—1368）

石 石刻

高 74 厘米 宽 43 厘米 厚 9 厘米

国家一级文物

福建省泉州海外交通史博物馆 藏

该石碑为辉绿岩石琢成，顶部呈尖弓状，底碑榫较小，全碑完整。双面雕刻边框，正面混刻 8 行阿拉伯文、波斯文，背面阴刻 6 行阿拉伯文。经译文可知，这是茜琳哈通·宾·哈桑苏拉的墓碑。1932 年拆泉州仁风门（东门）时获得。

"茜琳"是波斯语，意为"温柔的""新鲜的"，它曾是历史上一位著名女士的名字。"哈通"是波斯或突厥语，后在阿拉伯语中通用，意指"女士""夫人"或者"乐园中的皇后"，这说明死者可能是波斯人。碑文人名亦可译为"哈桑苏拉的女儿茜琳哈通"。

西周越式青铜短剑

西周（前 1046—前 771）
青铜 青铜器
通长 34.2 厘米 身宽 4.7 厘米
把长 8.6 厘米 首直径 3.5 厘米 把径 1.5 厘米
福建博物院 藏

2006 年，浦城县管九村西周土墩墓群一次性出土了 10 把越式青铜剑，其铸造工艺之精湛，在当时首屈一指。此剑身呈墨绿色，出土时，宛如墨玉，光可照人。剑身两侧有较宽的血槽，剑脊两侧均饰粗勾连云纹，两边附（点焊接）有两耳，耳为镂空。剑把的两面纹饰均为模印，前、后部均饰蟠虺（夔）纹，四箍均饰细勾连云纹。

青铜短剑为近身格斗时使用。而这把青铜短剑的工艺复杂，纹饰精美，使用材料好，代表了当时闽越先民极高的青铜铸造工艺，应为闽越贵族所拥有。由此剑可看出越人善铸剑，从西周时期就已初现端倪。

西周青铜甬钟

西周（前 1046—前 771）

青铜 青铜器

残长 8.5 厘米 高 35 厘米

国家一级文物

建瓯市博物馆 藏

青铜甬钟出土于建瓯南雅镇梅村，由柄与体组成，双范合铸，圆筒状，通体呈锈绿色。顶端锈残，柄中部略为鼓起，甬中空与柄相通，甬身两面左右分别饰乳钉9个、分排3行，乳钉间饰阳线云雷纹。

西周云纹青铜大铙

西周（前 1046—前 771）

青铜 青铜器

重 100.35 公斤 通高 76.8 厘米

国家一级文物

福建博物院 藏

该西周云纹青铜大铙，铸造精细，造型浑厚，纹饰精美，通体锈色翠绿，整件器物稳重古朴。铙体两面花纹相同，无铭文，每面各有圆枚 18 个。左右各列 3 行圆枚，每行 3 个。枚作半球状凸起，直径 3.5 厘米、高约 2 厘米，上饰涡纹，枚上为景，景作乳头状，高约 0.8 厘米。铙通体纹饰以商周时期流行的云雷纹为主，甬（即柄）上部两面各饰兽目一对，与云雷纹组成兽面纹。旋（甬上凸起的一圈为旋）上以细云雷纹为地，饰凸起的勾连云纹。鼓部（铙体的上部，敲击处为鼓）中央稍高起，装饰有云纹纹及其兽面纹。出土于建瓯阳泽村黄科山，商周时期这样大型铙的出土，不但在福建是首次，在国内也是比较罕见的。

铙，形制似铃，但无舌而有中空之柄，属手执敲击乐器，其用途是在退军时敲击之止鼓，以示退兵，是一种古代的军乐器。铙腔体外表多有纹饰，体内外与柄或有铭文，纹饰与铭文皆以柄所在方向为正，由此可知铙在使用时，口是向上的。小型的铙，应是在中空短柄中接续木柄，手执木柄敲击发声。大型的铙不便手执，则当是插在座上敲击发声。

＊＊＊＊＊＊＊＊＊＊＊＊＊＊＊＊＊＊＊＊＊＊＊＊＊＊＊＊＊＊＊＊＊＊＊＊＊＊

建瓯是历史上著名的铜矿产区。建瓯出土的西周云纹青铜大铙显示出与同时期南北各地相似的时代特征：当时的中国青铜器工艺正进入鼎盛时期。建瓯云纹青铜大铙具有礼器与乐器的双重功用，整体造型端庄严谨，两面相同的纹饰华丽而繁杂。一般地说，殷商至周的中国青铜器有三个演化阶段：单体依次浇铸——夏、商时期；分模多次浇铸——西周早中期；失蜡法热铸——西周晚期至春秋时期。建瓯西周青铜大铙据分析应为"分模双范浇铸"，当属于西周早期的作品。

唐仙人飞鹤纹花口铜镜

唐（618—907）

铜 铜器

直径 11.9 厘米 厚 0.4 厘米

国家二级文物

政和县博物馆 藏

镜为青铜质，八出菱花形，窄边。镜面一周凸弦纹把镜区
分为内、外区。中心为圆球钮。内区饰 4 组仙人飞鹤纹，
外区饰 8 组灵芝、草叶纹。镜表面氧化为黑漆古，形体厚
重，纹饰精美。纹饰图案的背后，描绘的内容，均为民间
流传较广的传说故事，蕴含着丰富的传统文化元素。

五代闽国铜鎏金王延翰狮子炉

五代（907—960）

铜 铜器

通高 40.1 厘米 口径 21 厘米 狮子高 11.3 厘米

国家一级文物

福建博物院 藏

该炉为焚香器，铜质，由盖、身两部分组成。炉盖做盝状，与炉口沿凸唇相扣合。蹲狮钮，狮口与器内相通，便于烟香外薰。炉身直口，有窄凸唇一圈，外宽平折沿，边沿呈五葵瓣形，直腹平底，腹处铆接五兽足作支架，兽足上部作兽首。通体鎏金，宽折沿平面环刻楷书"弟子盐铁出使巡官主福建院事检校尚书礼部郎中赐紫金鱼袋王延翰奉为大王及国夫人铸造师（狮）子香炉壹口捨入保福院永充供养天祐四年九月四日题"铭文一周。天祐四年（907），唐代灭亡前夕，是年四月，朱温灭唐，改年号为梁开平元年，而炉上仍沿用旧唐年号。

该炉造型古朴端茂，蹲狮张口翘首，栩栩如生。整体铸工精致，构思巧妙，为五代闽国有铭文铸器之孤件。纪年明确，除鎏金大多脱落、表面经保护处理外，其余保存较好。清道光年间在仙游城西保福院出土。

北宋靖康元年李纲锏

北宋靖康元年（1126）

金属 武器

通长 96.5 厘米 重 3.6 千克

国家一级文物

福建博物院 藏

这件北宋靖康元年李纲锏，锏首呈瓜锤形；锏柄外套斜道纹花梨木；锏柄与锏身之间横隔四瓣形格板；锏身呈棱状，有四棱，渐往锋收，四刃每刃面宽 1.6 厘米，刃锋利光亮。锏身近格处错金篆书"靖康元年李纲制"一行 7 字。锏身配有清代圆形红木套鞘，鞘体表面镶嵌银饰花卉、蝙蝠、古磬、垂璎珞等图案，中部缠箍铜佩二道，鞘口、尾部包铜边，上刻牡丹纹，鞘类有泌，中部包铜佩，璲二道，璲有钮，以供佩带。

* *

李纲（1083—1140），北宋末、南宋初抗金名臣，字伯纪，生于松江府华亭县折桂阁（今上海），祖籍邵武（今属福建），自祖父一辈起迁居无锡县（今江苏省无锡市），因无锡有河，名曰梁溪，故号称梁溪先生。宋徽宗政和二年（1112）进士。他和赵鼎、李光、胡铨合称"南宋四名臣"。

靖康元年（1126）金兵侵汴京时，时任京城四壁守御使的李纲，团结军民击退金兵，但不久即被投降派所排斥。宋高宗即位初，一度起用为相，曾力图革新内政，但仅 77 天即遭罢免；宋绍兴二年（1132），复起用为湖南宣抚使兼知潭州，不久又被罢。他多次上疏，陈抗金大计，均未被采纳，后抑郁而死。

锏，是古代的一种兵器，出于晋唐之间，以铜或铁制成，长而无刃，有四棱，长约为四尺（宋制四尺约为 1.2 米）。锏多双锏合用，属于短兵器，利于步战。锏的分量重，非力大之人不能运用自如，杀伤力不容小觑，即使隔着盔甲也能将人砍死。技法上，与刀法、剑法接近。锏体断面成方形，有槽，故有"凹面锏"之称。锏的大小长短，可因人而异，一般在 65—80 厘米。

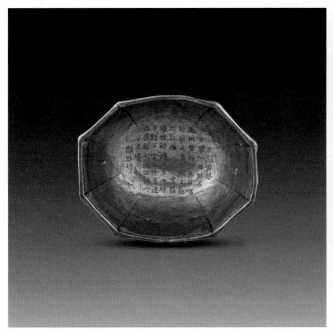

南宋银鎏金"踏莎行"人物故事八角杯

南宋（1127—1279）

银 金银器

直径 9.5 厘米 宽 8 厘米 底长 4.2 厘米

底宽 2.8 厘米 高 5.5 厘米

国家一级文物

邵武市博物馆 藏

该银鎏金"踏莎行"人物故事八角杯，银质，通体鎏金，8 角口，卷沿，深腹，8 角足，器内近口沿处錾刻弦纹、卷草图案一周，杯心錾刻《踏莎行》词一首，纵向楷书，共 10 行，錾点成字，每行字数不等，计 61 字。全文如下：足蹑云梯，手攀仙桂，姓名高挂登科记。马前喝到（道）状元来，金鞍玉勒成行对。宴罢琼林，醉游花市，此时方显平生至（志）。修书速报凤楼人，这回好个风流婿。踏莎行。器外壁分 8 面开光，每面分上中下 3 格。上格錾刻卷草、金子芽图案，下格錾刻如意头、卷草图案。中格较大，分别压印凸花画面，有人物、花卉、房屋、骑马出行等场景。杯足外錾刻弦纹、卷草图案。1980 年邵武水北镇庵窠窖藏出土

* *

1980 年 9 月，邵武县农科所在水北镇庵窠平整场地时，在一处古代建筑基址内距地表深约 2 米处，发现一处宋代窖藏，出土银器 140 余件。银器铸造精美，完好如新，种类以饮酒使用的杯、盘为主，工艺上使用了模压、捶打、錾刻、鎏金等技术。

南宋银鎏金錾花梅梢月纹花口杯

南宋（1127—1279）

银 金银器

口径 9.5 厘米 足径 4.5 厘米 高 5.6 厘米

国家一级文物

邵武市博物馆 藏

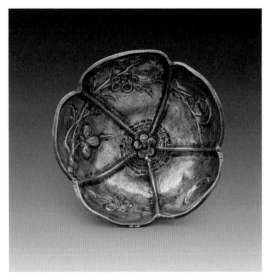

该银鎏金錾花梅梢月纹花口杯，银质，口沿及图案
凸起部分鎏金。梅花口，弧腹，梅花足，杯内錾压
纹饰如浮雕，腹部饰梅花树、弯月，底中心饰 5 瓣
梅花一朵，梅花旁錾刻"3"形水波纹意寓湖面。
整个画面为"梅花临水，新月当空"场景，极具诗
意。杯足近底处，錾饰弧线、花卉图案点缀。1980
年邵武水北镇庵窠窖藏出土。

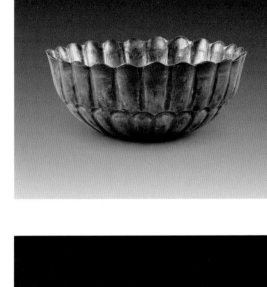

南宋银鎏金錾菊瓣托杯

南宋（1127—1279）

银 金银器

口径 9 厘米 底径 2.8 厘米 高 3.6 厘米

国家一级文物

邵武市博物馆 藏

该银鎏金錾菊瓣托杯，银质，菊花口，弧腹，卧足。腹部压印 2 层菊瓣，盘心錾刻凸点纹，意寓为花蕊。全器作整朵菊花状。花瓣边缘与花蕊处鎏金。1980 年邵武水北镇庵窠窖藏出土。

南宋银鎏金錾花梅梢月纹花口盘

南宋（1127—1279）
银 金银器
直径 16.5 厘米 底径 14.5 厘米 高 1.3 厘米
国家一级文物
邵武市博物馆 藏

该银鎏金錾花梅梢月纹花口盘，银质，口沿及图案凸起部分鎏
金。唇口，平沿，浅弧腹，平底，盘内底錾压梅花、弯月，并
錾刻"3"形水波纹意寓湖水相衬。沿面錾饰花卉图案点缀。
此景取北宋诗人林逋的诗句"疏影横斜水清浅，暗香浮动月黄
昏"。这种梅花弯月为图样的盘杯，在南宋十分流行。1980
年邵武水北镇庵窠窖藏出土。

南宋银鎏金重瓣菊花盘

南宋（1127—1279）

银 金银器

直径 16.3 厘米 底径 4.5 厘米 高 2.5 厘米

国家一级文物

邵武市博物馆 藏

该银鎏金重瓣菊花盘，银质，菊花口，浅盘，斜腹，卧足。腹部作 3 层菊瓣状，盘心錾刻凸点纹，意寓为花蕊。全器作整朵菊花状。上部 2 层花瓣边缘、下部花瓣及花蕊处鎏金。1980 年邵武水北镇庵窠窖藏出土。

南宋银鎏金錾花六出莲花杯

南宋（1127—1279）

银 金银器

口径 9.5 厘米 足径 3.8 厘米 高 5.3 厘米

国家一级文物

邵武市博物馆 藏

该银鎏金錾花六出莲花杯，银质，六出莲花口，弧腹，圈足外撇，杯身作 6 瓣莲花状，内壁口沿下錾压凸起 12 组折枝花卉图案，内腹錾压凸起饰 6 片荷叶图案，杯心錾压凸起折枝牡丹图案。口沿与杯心折枝牡丹图案处鎏金。1980 年邵武水北镇庵窠窖藏出土。

南宋黄昇墓银鎏金镂空心形香薰

南宋淳祐三年（1243）
银 金银器
长 7.2 厘米 宽 5.5 厘米 厚度 0.8 厘米 重 38.9 克
国家一级文物
福建博物院 藏

该银鎏金镂空心形香薰，出土时用丝线挂在墓主人胸前。
香薰呈心形、盖盒状，镂空莲花纹，间饰 6 瓣花和卷草花
纹。器物玲珑剔透，立体感极强。底部和盖面均有银丝编
焊花纹图案，边有子母口相扣、上下可开合。香薰造型处
理独具匠心，别致精巧，散发出一种秀丽、和谐的美感。

黄昇墓银器由于都是女性配饰，因而显得小巧玲珑，但就
因为器形小，其制作工艺的难度更大，要求更精细，是江
南金银器以小见大的典型范例。

＊＊＊＊＊＊＊＊＊＊＊＊＊＊＊＊＊＊＊＊＊＊＊＊＊＊＊＊

1975 年，福建省博物馆在福州浮仓山北坡发掘了一座南宋古
墓，墓主黄昇（葬于淳祐三年，即公元 1243 年）系宋代赵匡
胤第十一世孙赵与骏之妻，其父为福州状元黄朴，官至泉州
知州兼提举市舶司。由于身份显贵，黄昇墓的随葬品十分丰厚。
其中的金银器雅致美观、造型多样、纹饰丰富、构思新颖、
制作精湛。此外，该墓还出土了服饰及丝织品达 354 件之多。

南宋许峻墓鎏金双凤纹葵瓣式银盒

南宋淳祐十年（1250）

银 金银器

通高 5.9 厘米 底径 12.4 厘米 口径 13.7 厘米 重约 354 克

国家一级文物

福建博物院 藏

南宋鎏金双凤纹葵瓣式银盒，六出菱花形，子母口，器身扁平，制作规整。盖面上捶印双凤图案，周边錾刻如意花卉，腹部饰卷草纹，通体鎏金。出土时盒内放置一面六出菱花纹铜镜，由此可见，这件银盒应该是专门用来盛放铜镜的镜盒。

鎏金双凤纹葵瓣式银盒为许峻墓出土的银器之一。此外，该墓还出土有 3 件墓志，刻工精细，史料丰富，详细记载了墓主许峻及夫人陈氏、赵氏的籍贯、家世、官职、生卒等情况。墓葬四壁的青砖上有"淳祐拾年"等铭文，据此推测该墓建造的年代为南宋淳祐十年（1250）。

* *

许峻出身名门望族，曾祖至父辈均为朝廷命官，母为唐国夫人，许峻自己则主管架阁户部文字，官至架阁朝清通判。经过考古发掘清理，许峻墓虽早年曾被盗，墓葬中仍出土了精美、丰富的随葬品，生活用品、梳妆用品、佩饰品、文房用品等一应俱全。出土器物质地有鎏金银器、铜器、铁器、漆木器、石器等，器物造型优美、錾刻精湛、装饰典雅。尤其是大量的鎏金银器，运用模压、捶打、錾刻、鎏金等工艺，还有不少器物打印有当时银铺匠户的字号款识，如"张念七郎""低银刘打"等。这批文物数量之多，制作之精美，在福建尚属罕见，对于研究宋代金银制造业的发展和社会经济状况有重要的参考价值。

这批金银器出土时，置放在棺内的头部附近，都是墓主人平时使用的日常生活用具。从中可见宋代金银的制作工艺之成熟、形制之精美、造型之讲究、花式之繁多。其纹饰以清素典雅为特色，与唐代的饱满细腻作风相比较，宋代更趋于柔和含蓄、清新自然。可以说，宋代的金银器纹饰取材更为广阔，主要以花鸟为题材，并使装饰纹样与器物造型巧妙结合，达到和谐统一的高度融合。

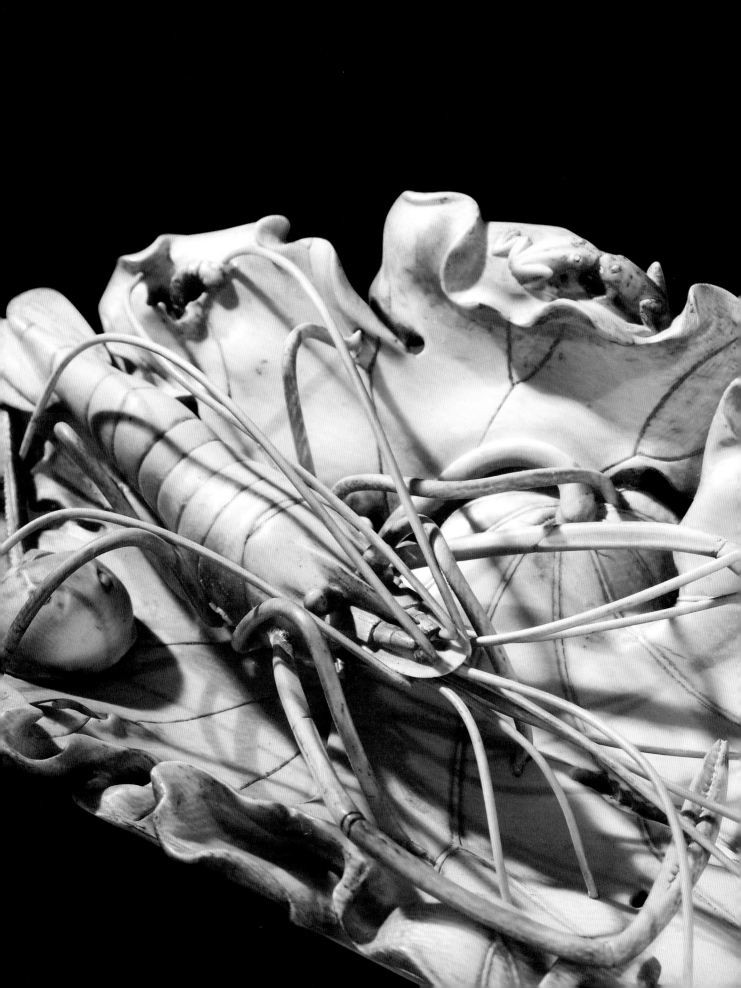

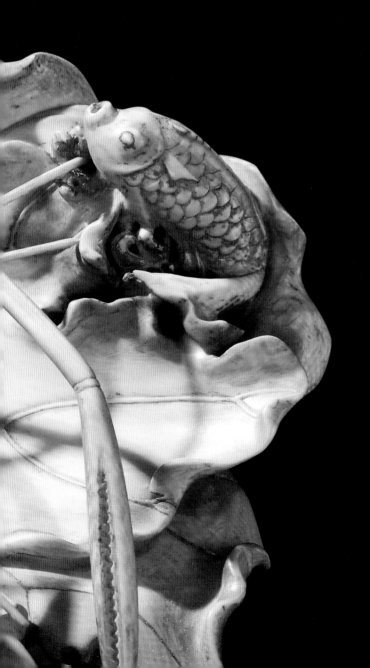

巧夺天工 工艺篇

巧夺天工

工艺篇

闽山苍苍，闽水泱泱。福建地处我国东南，背山靠海，独特的地理环境催生出本土浩瀚的闽越文化和浓厚的海洋文化。众所周知，中原是兵家必争之地。在历史迭代过程中，中原地区连年混战，社会动荡不安。而福建三面环山一面临海，巍巍山脉形成天然屏障将战乱隔绝在外，成为中原人避乱的首选之地。自三国两晋南北朝以降，中原人多次避乱入闽。《八闽通志》（卷三）载有："自五代离乱，江北士大夫、豪商、巨贾多避乱于此。固建州备五方之俗。"到了宋代，尤其是宋室南渡以后，文化中心伴随经济中心南移，不仅有皇室入闽，众多文人墨客、官僚士子、豪门贵胄亦举族避居至闽地。朱熹曾如是描述："靖康之乱，中原涂炭。衣冠人物，萃于东南。"（《晦庵文集》卷83，《跋吕仁甫诸公帖》）在这种"天旋地转，闽浙反居天下之中"的形势下，福建一跃成为全国的文化中心之一，本土文化大量吸收了中原地区传统文化风尚，同时也吸纳了因海洋文明传入的异域文化，从而逐渐形成特色鲜明的地域文化和包容开放的文化性格。

这种海纳百川的文化性格，使福建在宋代出现儒学的一个重要分支——程朱理学。程朱理学是宋明理学的主要派别之一，是集儒家、佛家和道教的思想为一体的哲学思想，强调明心见性、克己修身、格物穷理。程朱理学认为理是宇宙万物的起源，通过"格物"（推究事物的道理），即可以达到致知（认识真理）的目的。在理学这一系统化的哲学及信仰体系的传播与教育下，"格物致知"逐渐化为福建民众自己内在的行为准则，形成闽地人民注重伦理道德、社会责任与历史使命的文化性格，为福建百工"尽精微"的工匠精神奠定基础。

福建特殊的区位优势为当地文化发展的连续性创造了有利条件，在深厚包容的文化底蕴和理学思想孕育出的工匠精神土壤之上，催生出了璀璨多元的本土工艺美术。时移世易，这些留存下来的艺术文物，生动地描绘出不同时期福建文化兼容并蓄的精神画像。

在所有的文物品类中，古代玻璃器是数量最少的品类之一。我国古代的玻璃制品，在文博界统称为"料器"。早在西周时期，先人就已经掌握玻璃的生产技术，成分以铅钡为主。古代的料器制作工艺复杂，

成品率极低，因此出土可见的器物较少。之后历代，料器制作工艺均有所发展。两宋时期，福建文化得到空前发展，进入了全盛时期。这个时期，各门类手工业的制造工艺都达到了新高度，工艺美术全面走向世俗化、商业化，具有较强的生活日用属性，突显了传统手工造物的实用与美相结合的工艺思想。本书收录的"宋蓝料菊瓣形碟"是宋代作品，孔雀蓝色彩纯正艳丽，24片菊瓣形造型优美雅致，与宋代扣银工艺完美结合，是宋代料器的精品。

在宋代，佛教在闽达到全盛。《八闽通志》载："佛寺至于宋极矣。"《三山志》载，庆历年间，仅福州地区佛寺达1625座。从福州太守谢泌的诗句"城里三山千簇寺，夜间七塔万枝灯"亦能感受到福建佛教发展之势。在这样的语境下，宗教造像艺术自然随之兴盛，大至金漆木雕，小至瓷器造像，无不精美绝伦。本书收录的陶瓷佛教造像包括漳州窑和德化窑的经典作品，如"明漳州窑白釉如来佛像""明德化窑文昌坐像""明德化窑白釉观音立像""明德化窑妈祖坐像""清德化窑达摩立像"等，这些均属于一级文物。德化窑始于宋代，自明代起得到巨大发展，除了日用器具，尤以白瓷塑佛像闻名，被欧洲宫廷贵族争相收藏。漳州窑瓷器则创烧于明朝前期，釉面呈米黄色冰裂纹，器型丰富，古朴大方。书中收录的作品造型多样，釉色纯净莹润，制作细腻，传神写意，极富艺术感染力。

神佛题材的雕刻还常表现为金漆木雕形式。金漆木雕是福建木雕的一个重要流派，广泛用于庙宇的神像雕刻。另外，还普遍见于传统民居的局部构建中，如斗拱、花窗、屏几、床榻等。福建的龙眼木雕，与东阳木雕、乐清黄杨木雕、潮州金漆木雕并称为中国四大木雕。自宋代起，福建的妈祖信仰文化逐步形成并日渐兴起。民间信俗的发展，在一定程度上促进了莆田木雕在宗教造像和建筑雕刻上的繁荣。雕刻艺人在"格物穷理"的行为准则下，逐渐创作出富有地域特色的"精微透雕"风格，表现的客体对象造型优美，惟妙惟肖，整体层次分明，精细绝伦。莆田木雕题材广泛，除了神佛造像，还包括吉祥寓意植物、古代祥禽瑞兽、经典人物故事等等，蕴含着深厚的历史文化积淀和独特的艺术风貌。本书收录的竹木雕作品，包括了南宋至清代的文物，从中可窥见木雕从简至繁的发展演化过程以及各时期的艺术特色。其中，南宋时期的木雕文物主要为木签、鱼带、梳子和象棋棋子，形制简单。而清代的木雕作品风格繁复精致，做法细巧严谨，从"清金漆木雕人物龙纹桌灯""清金漆透雕菓盒""清金漆木雕人物故事纹神龛"等结构考究、装饰华美的作品中，可以窥见莆田木雕的精微细腻和清代"错彩镂金"的审美追求。

寿山石文化亦是福建文化的重要组成部分。据出土资料显示，寿山石雕刻艺术最早可追溯至南朝，主要作为明器而存在，形制包括石猪和人俑。两宋时期，赏石之风日盛，主要用于祭祀礼器的寿山石雕造型日趋丰富。到了明代，受益于篆刻印章文化，在文人墨客的推动下，寿山石从过去的明器转变为不可或缺的文房之宝。寿山石雕的艺术形式与审美范畴得到延展。在艺术价值得到加持的同时，寿山石的身价也水涨船高，好的品种如田黄石达到"一两田黄十两金"的价值。

到了清代，寿山石雕刻艺术进入发展的鼎盛时期。此时，帝王成为寿山石艺术发展的最有力推手。据统计，雍正皇帝所拥有的两百余枚印玺中，有半数以上为寿山石章。乾隆皇帝所拥有的寿山石印玺更是数量惊人，约有六百余方。这时期，寿山石开采也达到了历史上的高峰，甚至出现"山为之空"的破坏性开采情况。由此，寿山石雕艺术进入了前所未有的繁荣时代，雕刻名家辈出，如杨玉璇、周尚均、魏开通、董沧门等，并始留名于世。福州本土逐渐形成"东门派"与"西门派"两个雕刻流派。（东门派的鼻祖为同光年间的林谦培，主要集中在福州后屿村以及毗邻的樟林、寿岭、横屿等村。西门派鼻祖为潘玉进、潘玉茂两兄弟，该门派主要集中在福州洪山一带。）东门派善圆雕与巧色结合，修光多用尖刀，作品精细华丽。西门派擅薄意，多用圆刀，追求意境之美。本书收录的寿山石作品，历史沿革清晰，门派特征明显。其中，南朝寿山石雕猪、五代的石俑，造型简单粗犷。清代名家周尚均、潘玉茂、林元珠等名家的古兽印钮作品，运刀简练，雄浑威严，动感十足。

在华夏文明的发展过程中，大漆艺术经历了数千年的漫长演进，蕴含着丰赡的人文信息。南宋时期，漆器制造十分兴盛，从已发现的各墓葬中几乎都可见漆器的留存。该时期的器物以日用器具为主，包括为素漆、剔犀、戗金、雕漆、堆漆等工艺。本书收录的南宋大漆器物有素漆托盏和剔犀盒两大类。"南宋剔犀如意云纹三层八角形盒""南宋剔犀如意云纹圆形盒""南宋剔犀如意云纹三层六出葵形盒"三件剔犀作品[1986年8月出土于福州市北郊茶园村宋墓，据考证墓葬年代应为南宋端平二年（1235）。3件作品现藏于福建省福州市博物馆]，形制各异，线条丰腴圆润，精准流畅，刃口面平滑细腻，层层相间的黑红色漆均匀紧致，生动展现了大漆的厚堆之美。

在清代出现的福州传统脱胎漆器，是中国大漆艺术中的一朵璀璨明珠。创始人沈绍安本是油漆工出身，一次在修理金字牌匾时无意间发现残破处的麻布纤维，由此受到启发，经过反复试验最终还原并改进了在战国时期就出现的"夹纻"技法，制造出脱胎漆器。之后福州脱胎漆器，以其轻巧独特的纻胎技术和精美的薄料髹饰技法而异军突起，享誉世界，取代了江浙漆器在全国产业中心的地位，使福州逐渐成为近现代漆器的龙头老大。

沈氏家族的福州脱胎漆器，在工艺技法、色彩开发和装饰图案都取得了重大的成就。在髹饰技法上，沈绍安的后人创造了"薄料漆拍敷"工艺，将金银粉兑入快干漆调成薄料漆，改变刷涂操作方式，采用拇指球薄料敷拍漆面，使漆器呈现出内敛而高贵气质。该工艺改变了福州漆器"白唯非油则无应矣"的历史局面，创造了一个千颜百色的漆器时代。在色彩髹饰上，沈氏家族更改了漆油配比，增加了色彩的丰富性。同时，在用色比例上有所侧重，无论是晕染、五彩还是金银色，大多以朱漆或黑漆为主，将主基调定位在深沉稳重、低调华贵。在装饰图案上，丰富了传统题材，常见的图案包括梅兰竹菊等植物图案、鸟兽鱼虫等动物图案、仕女老者孩童等人物图案、山河树影等山水图案、云纹等祥瑞图案和各种几何图案。本书收录的作品"近代沈正镐脱胎竹根瓶""近代沈正镐脱胎荷叶瓶"两件瓶器采用脱胎漆器独特的"薄料漆拍敷"工艺，质地轻巧坚牢，是脱胎漆器的代表之作。

本篇向大家展示了福建工艺美术各门类难得一见的文物珍品，这些精美的文物生动地传递出传统工艺所承载的文化底蕴与丰富内涵，也充分展示了福建海纳百川的文化性格与"格物致知"的工匠精神。

（邱志军）

南朝寿山石雕猪

南朝（420—589）
石 雕塑造像
（上）高 1.1 厘米 长 6.4 厘米
（左）高 2 厘米 长 6 厘米
国家一级文物
福建博物院 藏

1954 年，在福州仓山区桃花山福建师范学院工地上发现南朝墓葬一座，出土石猪两件，呈伏卧状，长方形，由寿山老岭石经过简练的线条雕刻而成，形态粗犷。同年，在福州仓山乐群路速成中学工地又发现一座南朝古墓，又发现石猪两件，作正面匍匐状，双眼前视，四足前伸，翘嘴竖耳，雕工粗糙。但相比之前桃花山出土的石猪，形态更为逼真，石质亦为寿山老岭石。

这 4 件寿山石雕猪，是迄今为止所出土的最古老的寿山石雕文物，对于寿山石雕起源的推进和印证有着重大的意义。

＊＊＊＊＊＊＊＊＊＊＊＊＊＊＊＊＊＊＊＊＊＊＊＊＊＊＊＊＊＊＊＊＊＊＊＊＊＊＊

老岭石又名"柳岭石"，产于寿山乡北端柳岭深山中。以雕刻用料的要求来衡量，老岭石属于粗质石料，材巨，质地坚脆，含砂，不透明。有青绿色、淡黄色、黄色、灰色、灰黑色等。其质地较好者可分为老岭青、老岭黄、虎嘴老岭石等。

寿山石雕是传统的民间雕刻艺术，以产于福州北峰山区的寿山石为材料，通过雕刻艺人的特殊技艺制作出的工艺品。经过历代艺人的不断探索，寿山石雕已由古墓葬出土的文化中看到的极为简练的技法，发展为现代精细的高浮雕、镂空雕、透花雕和圆雕等。寿山石雕的起源亦因考古的发现和鉴证而逐步推前。

五代闽国刘华墓陶俑一组

后唐长兴元年（930）

陶 雕塑造像

国家一级文物

福建博物院 藏

刘华墓，发现于福州市郊战坂乡莲花峰下，1965年进行发掘，因被盗过，现存墓内遗物，经清理后计有：泥塑、石刻"孤魂台"、陶瓷器、铜铁器等类及墓志铭一方。

刘华，字德秀，系南汉南平王刘隐的次女，后梁贞明三年（917）嫁与闽王王审知次子、闽国第三主王延钧。后唐长兴元年（930）卒于闽。

大型高髻拱手女俑

通高 101.5 厘米 底径长 28 厘米 宽 23 厘米

女俑梳扇形高髻，两侧微露鬓发，发后半周有密集的小孔十数个，似插饰物之用。面颊丰满，头稍下俯，微笑。穿对衿广袖外衣，长仅过膝，两下侧开衩。长巾绕背，垂至前身两侧。袒胸，露抹胸，两手拱手胸前广袖内，外衣下露出披地内衣。着如意头鞋。

中型戴"王冠"执物俑

高 61 厘米 底径长 22.8 厘米 宽 22.5 厘米

头戴圆筒形帽，状如"王冠"，帽塑方块帽饰，两侧有如"护耳"装饰。帽顶及背上方有一个 2 厘米左右的圆孔。双手叠拱于胸前作执物状，物已无存。穿对衿式方领广袖外衣，袖口和胸前露内衣窄袖及领沿。外衣长仅过膝，下露披地内衣。腰系长带，垂足下，带尾作剑形。着"云纹"形鞋。服式从尚未剥落的颜色看，帽底黄色加豪纹黑彩，帽前粘贴的方块着红色，外沿加绿彩，帽檐红底有菱形纹的贴金装饰，衣着红色有点状贴金。其身份推测应为宫中文吏。

北宋寿山石雕虎

北宋（960—1127）

石 雕塑造像

长 11 厘米 宽 4.7 厘米 高 7.5 厘米

国家一级文物

福建博物院 藏

此寿山石雕虎，寿山老岭石材质，青黄色，虎呈卧式，大口紧闭，头右侧双目圆睁，两前爪盘迭，虎身数道双线纹装饰虎毛，尾巴右向前弯曲贴于右后爪边。整体造型流畅，雕刻技法简练，形象生动，栩栩如生。1974 年福州北郊胭脂山宋墓出土。

这件雄健威猛的寿山石雕虎，造型和细部刻画都很到位、传神，是宋代寿山石雕动物的典型代表。

＊＊＊＊＊＊＊＊＊＊＊＊＊＊＊＊＊＊＊＊＊＊＊＊＊＊＊＊＊＊＊＊＊＊＊＊＊＊

宋代的寿山石雕，相较于之前南朝墓出土的寿山石俑，不仅具有数量多，品类丰富的特点，而且造型各异，生动多姿。同时，雕工更为精细，形象更为传神，风格也更为突出。由此可见，在宋代，寿山石雕已进入了成熟阶段。

另外还有一类神兽俑，全是小型俑。有鬼面俑和十二生肖俑之分。

卷发尖嘴执物神兽俑

高 52 厘米 底径长 19 厘米 宽 13 厘米

卷发，尖嘴，穿广袖领外衣，腰系长带垂于身前，
两手叠放胸前作执物状。着"云纹"形鞋。

十二生肖俑有独角羊嘴神兽俑

高 52 厘米 底径长 19 厘米 宽 14 厘米

穿广袖领外衣，腰系长带垂于身前，两手叠放
胸前作执物状。着"云纹"形鞋。

陶俑是刘华墓现存随葬品最多的一类，能知其全形的计出土 48 件，有女俑、男俑、鬼神俑、人首兽身俑等，此外还有人首龙身俑、人首鱼身俑。其中男、女俑数量最大，多为拱立执物俑，所执器物均无存。大型的高达 99—103 厘米，共 6 件，全为女俑；中型的高 59—62.5 厘米，共 12 件，全为男俑；小型的高 47—53 厘米，共 25 件，多数为男俑。所有陶俑烘烧后都经过彩绘，彩绘大部分已脱落。一般面部抹白粉，底加黑彩或贴金，边缘加绿彩，发髻涂黑。

刘华墓出土的陶俑，其造型承袭了唐代的写实风格，并有所创造。其塑工的严谨、比例的准确、肌肉的丰满实感等，都具有时代和地方特点，是研究闽国雕塑艺术的珍贵实物。陶俑中的神兽俑、僧人俑，以及石刻"孤魂台"等物，也反映了当时闽国佛教、道教的盛行。

小型戴角状帽执物男俑

高 53 厘米 底径长 16 厘米 宽 12.5 厘米

帽尖顶向前倾，形如角。两手叠放胸前，作执物状。穿方领广袖外衣，系长带，垂于前。着"云纹"形鞋。背后刻有"四"字。

戴风帽扶杖老人男俑

高 47 厘米 底径长 17.5 厘米 宽 14 厘米

帽尖顶，帽檐罩至颈肩部，仅露面孔。穿宽袖外衣，束带，左手下垂于袖内，右手扶杖，杖已缺。身略前弯。着圆尖鞋。背后刻有"启四"两字。推测可能是佛教中的代表人物。

北宋寿山石雕舞俑

北宋（960—1127）
石 雕塑造像
宽 6.2 厘米 高 23 厘米
宽 7 厘米 高 21.2 厘米
国家一级文物
福建博物院 藏

1974 年福州市北郊胭脂山宋墓出土。这两件舞俑是该墓中出土的三件舞俑中品相比较完整的两件，其造型质朴，雕刻技法简洁、生动。其中一件为寿山老岭石雕刻而成，呈红黄相间颜色，面部表情严肃，头戴方形帻巾，着圆领广袖长袍，右臂上举贴于头右侧，左臂置于腰带之上。着尖头鞋，脚底钻有一小孔。另一件为黄色寿山老岭石雕刻，方脸，高鼻，双眼下垂，双唇略有上翘，似在微笑，面部表情温和，戴冠，着圆领广袖长袍，右臂横弯腹前置于腰带之上，左臂上举，着鞋，底部钻有二小孔。

这两件舞俑是宋代石雕艺术风貌和发展水平的代表，对于研究宋代当地丧葬习俗及当时的社会背景提供了参照物，具有极高的历史研究价值。

＊＊＊＊＊＊＊＊＊＊＊＊＊＊＊＊＊＊＊＊＊＊＊＊＊＊＊＊＊＊＊＊

寿山石雕起源于南朝，但寿山石雕的真正兴起则起于唐宋。唐朝时期，经济繁荣，佛教兴盛，寿山大兴寺院，僧人把寿山石用来雕琢成佛像、香炉、念珠等佛教用具，寿山石雕随之得以进一步发展。到了宋代，中外文化交流频繁，雕刻艺术的发展亦随之繁荣。据南宋淳熙年间梁克家编纂的《三山志》记载，宋时福州已大量开采寿山石用于雕刻，精美者作为贡品发运汴梁，成为官廷玩物。大者为达官贵人陈列于几案欣赏，小者则成为文人雅士手中的赏玩品。石俑作为殉葬品的礼仪亦在这一时期风靡。

元龙泉窑真武坐像

元（1271—1368）
瓷 雕塑造像
通高 22 厘米 通宽 10.2 厘米
国家一级文物
福建博物院 藏

该坐像头披巾下垂至背，圆脸微露笑意，细目长耳。身着
龙袍，胸露甲衣，腹上饰玉带。右手贴膝，左手扶座，赤
足端坐座上。头颈、手足、甲衣及玉带露胎，呈褐红色。
其余部分施青绿釉，釉莹润光泽，开冰裂纹。座内空，座
前浮雕一玄武，后壁正中开一圆孔。足底露褐红色地，胎
灰白坚实。

＊＊＊＊＊＊＊＊＊＊＊＊＊＊＊＊＊＊＊＊＊＊＊＊＊＊＊＊＊＊＊＊＊＊＊

龙泉窑是我国著名的青瓷窑口，因其位于浙江龙泉而得名。
龙泉窑的鼎盛时期出现在宋元时代，龙泉青瓷走向成熟，瓷
窑迅速发展，青瓷质量大大提高，产品畅销国内外。

明漳州窑白釉如来佛像

明（1368—1644）
瓷 雕塑造像
宽 27.5 厘米 高 83 厘米
国家一级文物
福建博物院 藏

如来头饰螺髻，正面缀一圆珠，细目长耳，面容端庄丰满，
略含笑意，神态慈祥静穆。肩披帐，袒胸饰一"卍"纹，
身着袈裟，下着长裙曳地。合手于胸前，掌上挂一串念珠。
赤足立于浪座。器物通体施灰青釉，釉面开细冰裂纹，莹
润光亮。像内中空，无釉，座底露胎，正中一圆孔，孔上
横刻"开元寺"三字，两旁分别刻"大明嘉靖丙辰年漳州府，
澄海县南门外海村乡信土陈长春百叩"楷体铭文。如来神
态高贵安详，身形自然协调，衣纹流畅，洒丽飘逸，且产
地、功用款识明确，为不可多得的明代名窑瓷塑精品。

* *

漳州窑是对明清时期漳州地区窑业的总称，其窑址分布于平
和、漳浦、南靖、云霄、诏安、华安等县，以平和的南胜、
五寨地区窑址最为集中和具代表性。自 20 世纪 80 年代以来，
经多次考古调查，发现明清时期窑址十余处。

除传统意义上的"漳窑"白釉、象牙白釉小开片瓷器外，"漳
州窑系"产品，还有青花瓷、彩绘瓷、青釉暗刻瓷、蓝釉堆花瓷、
酱釉堆花瓷等几大类，其中既有粗大厚重的大件器物，也有
精巧的小件器物，品种以盘、碗、碟类占大多数。

明德化窑妈祖坐像

明（1368—1644）

瓷 雕塑造像

高 19.1 厘米 底径长 13.9 厘米 底径宽 5.9 厘米

国家一级文物

福建博物院 藏

妈祖头戴方形平顶冠，身穿冕服，肩披帔，双手藏袖于胸前，正襟端坐。其左右侧分立千里眼和顺风耳，皆光头，着短衣短裤，扎对襟方巾。千里眼左手上举至额，注目远视；顺风耳右手掩耳，作倾诉状，形象极生动传神。胎质洁白，釉色乳白滋润，微微泛青。这是德化窑迄今为止唯一的，也是目前已知年代较早的明代白瓷妈祖坐像之一。

* *

德化窑位于福建德化而得名，其烧制瓷器的历史可以追溯至唐五代时期，到了宋元时期，德化所产的白釉、青白釉等类型的瓷器已经声名远播，随着海上贸易的发展远销海外。明代白瓷胎质致密，透光度极好。釉面为纯白色，色泽光润明亮，迎光透视下，釉中隐现粉红或乳白色，故被称为"猪油白""象牙白""中国白"。

明德化窑何朝宗款观音立像

明（1368—1644）

瓷 雕塑造像

高 50 厘米 底径 14.5 厘米

国家一级文物

福建博物院 藏

观音赤足立于云座上，头正面饰三宝莲花，结高髻，上覆巾垂肩。面容端庄丰润，微含笑意，呈俯视状。身着广袖通肩大衣，袒胸垂挂璎珞，双手戴镯，交叉置于腹前，下着长裙，衣褶随风飘动，文静慈祥，娴静若思。通体施象牙白釉，釉面纯净莹亮，如脂似玉。胎体厚重，内空，座底露胎，胎洁白细腻。背部印有小篆"何朝宗"葫芦章及"宣德"方章。

该立像工艺精湛，比例准确，观音形象具有唐代韵味，既端庄肃穆，又平易近人、富有人情味，成为人们赋予想象和期待美善与圣洁的化身。在注意表现人物内在性格的同时，作品着意对神态和衣服纹饰进行刻画，衣纹线条清晰简洁，柔和流畅，翻转自然，圆劲有力，面部肌肉富有质感，表情传神。加以德化瓷细腻的质地和独特的象牙白，将观音静美柔曼、朴素典雅的风韵展露无遗，形神兼备，充满艺术魅力。

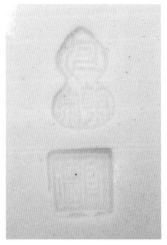

明德化窑何朝宗制文昌坐像

明（1368—1644）
瓷 雕塑造像
高 44 厘米 底径长 21.5 厘米 底径宽 17.1 厘米
国家一级文物
福建博物院 藏

文昌戴襆头，目形脸，丹凤眼，上下唇及下颚留短须，眉目清秀，神情庄重。内着右衽交领衫，外穿宽袖袍，腰束带，右手执如意，左手扶膝藏于袖内，正面端坐，胎质洁白细腻，釉色乳白，纯净莹润。

何朝宗（1522—1600），又名何来，明代瓷塑工艺大师，福建德化白釉瓷雕风格的创始人。他善于继承吸收泥塑、木雕、石刻等各种流派的创作手法，结合到自己的艺术创作中，既师古而不泥古，总结出了捏、塑、雕、镂、贴、接、推、修的八字技法，形成了独树一帜的"何派"艺术，其作品"天下共宝之"。

明德化窑何朝宗款渡海观音立像

明（1368—1644）

瓷 雕塑造像

高 46 厘米 胸围 37 厘米 底座 14 厘米 × 12.5 厘米

国家一级文物

福建省泉州海外交通史博物馆 藏

此尊瓷塑观音立像，衣褶线条飘逸生动，面目清秀，额正中作一珠状，头上有髻，髻上有芝形玉针，髻上戴巾，衣纹深秀，作打结状，露胸，胸前一串珠筛，藏手作拱势，露一足踏莲花作渡海状，一足为波涛掩盖，背上有方形篆书"何朝宗印"。

* *

何朝宗的作品以达摩、观音、罗汉等佛教人物为主，发挥传统雕塑"传神写意"的长处，微妙地表现人物的内心世界，既简明概括，又生动形象，富有神韵，展示出其高超的制瓷艺能。

明木雕彩绘金刚立像

明（1368—1644）

木 雕塑造像

通高 92.3 厘米 宽 32.6 厘米 厚 2.4 厘米

国家一级文物

中国闽台缘博物馆 藏

明木雕彩绘金刚立像，头束发冠，额上镶一眼，内着金色铠甲，腰束玉带，外披绘有五彩祥云纹的开衫，广袖，两侧袖口以绳缚之，双手合掌举于胸前，双脚着靴而立。

神像表面用白粉打底后，以红、黄、绿、黑及金彩等绘于头、脸部、衣饰等处，色泽鲜艳亮丽。面部表情威严深邃。衣褶线条纹理舒展，柔美流畅。整个形体古朴大方，富有层次和重量感，为明代木雕彩绘佛像之珍品。

＊＊＊＊＊＊＊＊＊＊＊＊＊＊＊＊＊＊＊＊＊＊＊＊＊＊＊＊＊＊＊＊＊

在西藏密宗里的护法神，经常手持金刚杵，象征拥有摧伏外道、击败邪魔的力量。这些护法神被称为执金刚神，金刚力士或密迹金刚，简称为金刚。

明雕木胎漆金武士立像

明万历年间（1573—1620）
高 62 厘米
国家一级文物
福建博物院 藏

头戴方帽，五官端正，面容威严。身着短袍，足蹬战靴，脚呈八字形侧身站立。右手持剑，左手托鼠鼬，袖口、衣服下摆向上扬起，昂首挺胸立于椭圆形座上。通体髹漆，颜色灰褐。木雕形象威武，表情严肃，造型刚柔有致，线条粗细得体，极富韵律和动感。此件作品刀法精湛、勾画细腻、自然流畅，将人物勇猛威严的形象表现得栩栩如生、淋漓尽致。器物雕刻技法和人物整体服饰风格显见明代典型特征。

* *

此木雕人物为赵公明。赵公明，名朗，字公明，中国神话人物。民间相传赵公明为武财神，使铁鞭，并以神虎为坐骑。元明时期，赵公明演变为财神。

明雕木胎漆金真武坐像

明万历年间（1573—1620）
漆木 雕塑造像
高 82.5 厘米
国家一级文物
福建博物院 藏

木雕通体髹漆，颜色灰褐。真武面相饱满，披发
后垂，双耳长厚，作垂睑注目状。身着圆领宽袖
长袍，腰佩玉带，双手交叠置于膝上，赤足端坐。
腿背书"大明万历年旦，弟子王大仁叩"。其身
体姿势和衣纹褶皱几乎完全对称，给人以魁梧、
敦厚、庄重之感。

木雕整体疏密得当，刀法细致精巧，层次感强，
体现了高超的雕刻工艺与蕴藉含蓄的造像艺术。

明"王弼"款泥塑关羽立像、坐像

明中晚期（约明万历年间）
木，泥 雕塑造像
国家一级文物
福建省泉州海外交通史博物馆 藏

立像高 37.1 厘米 下摆宽 14.5 厘米 厚 10.5 厘米
底座长 17.2 厘米 宽 13 厘米 高 4 厘米

泥质，通体施酱黑漆，中空，头戴圆帽，帽前面正中嵌有
一圆珠，面目慈祥，双目有神，配有稀疏长髯，头部可活
动。身着交领长袍，双手合拱于右胸前，腰带雕饰成玉带
状，衣褶飘逸自然，线条流畅，比例适中。背部有方形"王
弼"印。

坐像高 37 厘米 宽 14.5 厘米 厚 10.7 厘米

泥质，通体上黑漆，端坐于椅子上。像头戴翅帽，
面庞丰润，配有长须。身着长袍，双手合拱于胸前
长髯下。腰配饰腰带，双脚着鞋。身上衣褶线条流
畅自然，帽上右侧翅子残缺，下摆磨损，脸部等多
处微脱漆，露白点底。该坐像配有木椅子。

* *

王弼为明代泉州民间雕塑大师，这两座关羽像是其雕
塑技艺的代表作，具有极高的艺术价值。关羽面貌丰
伟，蚕眉凤目，形象威武，神情坚毅。在人物神态、
衣饰方面的刻画技艺高超，给人一种阳刚的美感。特
别是丹凤眼、卧蚕眉以及美髯须的塑造，符合传统文
学和戏曲表演中对于关羽形象的描绘。造像手上的姿
态合拱于胸前，衣褶线条流畅，衣带飘拂如行云流水，
衣纹疏密有致，颇有中国传统工笔人物画的韵味。

明末清初漳州窑米黄釉观音像

明末清初
瓷 雕塑造像
通高 63.8 厘米 通宽 22.2 厘米 厚 17.3 厘米
国家一级文物
华侨博物院 藏

通身施釉，釉面光润，有细碎开片，釉色米黄，
积釉处泛绿。底露胎，腹空，胎色灰褐，胎质较粗，
底有布纹及乳支钉烧迹。观音头挽高髻，戴花绾
及头巾。略微俯首，面部丰满圆润，额头有吉祥
痣，柳叶眉，双目微闭，直鼻小口，容颜慈祥传神，
端庄肃穆。身躯微丰，上着宽领袒胸大袖长衣，
衣褶线条流畅自然，薄衣柔软贴身。胸前贴饰垂
珠璎珞，双手相交，左手持拂尘，拂尘尾靠右肩，
下着长裙，皱褶自然下垂，赤足微露，予人恬静
慈祥之感。

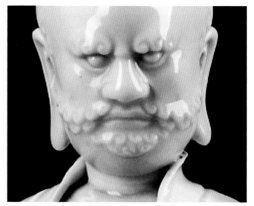

清德化窑达摩立像

清（1636—1911）
瓷 雕塑造像
高 43.1 厘米 身宽 12.4 厘米
国家一级文物
福建博物院 藏

此像赤足立于浪座上，头光秃，凸额大耳，虬髯，双
目圆睁，双眉紧锁，五官端正，面容庄严，流露出缄
默沉思的表情。衣着宽松肥大，袒胸披帐，双手拢袖
置于胸前，衣袂随风飘动，宛如乘风渡海。通体施泛
青白釉，浑厚莹润，胎体厚重，内空，施半釉，座底
露胎，胎质洁白细腻。

该立像工艺精湛，比例准确，衣纹线条柔和流畅，肌
肉富有质感，造型优美生动，形态逼真，人物传神，
充分表现出这位禅宗少林初祖坚忍不拔的精神，堪称
传世上品。

清漳州窑米色白釉瓷如意观音立像

清（1636—1911）

瓷 瓷器

底径 12.0 厘米 通高 45.0 厘米 座高 6.8 厘米 像高 38.2 厘米

国家一级文物

漳州市博物馆 藏

瓷坐像为宗教礼仪用品，现状基本完整，如意中部裂。制作工艺模印成形，衣褶为刻画。观音呈站立状，头带幔巾，梳发髻，身着长袖披帛、长裙，颈部戴项饰，手捧如意，站立于祥云台座上，底略呈圆形，中空。灰白胎，施米色白釉，釉面莹亮，开细小冰裂纹，底露胎。

清刻白芙蓉罗汉坐像

清（1636—1911）

石 雕塑造像

通高 12.1 厘米 通宽 5—10 厘米

国家一级文物

福建博物院 藏

该坐像由上品白芙蓉石雕刻而成，整体呈斜坐状，石质清澈滋润，白中泛黄，采用圆雕技法雕刻而成。罗汉为目字脸，头刻发纹，大耳，点刻短须，嘴唇宽厚，呈紧闭状，略上耸，嘴角平行，面部肌肉松弛，显露出"心中有佛"的怡然神情。肩披帔，身着通肩长衫，长衫边缘用纤细线条刻画出连续的缠枝牡丹和朵云等纹饰，环绕相续，疏密有致，协调柔和，精美细致。背饰缠枝牡丹，袒胸，双手靠右膝摩挲一挑。右腿屈立，左腿内曲贴地，坐于石座上，座边镂孔。

该尊罗汉像，造型丰满敦厚，浑朴凸拙。衣褶转折合乎自然，线条厚重而有流动感，动态毕肖。柔中有刚、疏朗朴实的衣纹线条，给人以真切、自然、豪放之感。作者娴熟的刀法，在罗汉袈裟花边的雕刻中尤为突出。所刻缠枝花边环绕连续，细密有致，运刀流畅，收刀明显，花纹协调而优美柔和，是寿山石雕中不可多得的精品。

* *

寿山石石质种类繁多，其中尤以田黄石和芙蓉石两种最为珍贵。芙蓉石按色泽与质地可分为：白芙蓉石、黄芙蓉石、五彩芙蓉石、红芙蓉石、青芙蓉石、绿若通芙蓉石、竹头窝芙蓉石、瓷白芙蓉与半粗芙蓉石等。其中白芙蓉石石质极细润而雅净，上品白芙蓉石微透明而似玉非玉，凝结脂润、细腻纯净。

清魏汝奋雕寿山牛角冻罗汉坐像

清初

石 雕塑造像

最长 12.5 厘米 最宽 10 厘米 最高 12 厘米

国家一级文物

福州市博物馆 藏

此坐像材质为寿山牛角冻石，石质褐黄色。罗汉面容祥和，体态
飘逸，两耳垂肩，盘膝而坐，一手持念珠，袒胸，胸前刻有一盘
髻佛像头部。座呈成八角形，座底部刻有"魏汝奋制"。坐像雕
刻细腻，衣着及底座均刻画精美的花纹图案。

清廖熙雕楠木关羽坐像

清末（1875—1911）
漆木 雕塑造像
通高 31.5 厘米
国家一级文物
福建博物院 藏

像呈坐姿，形态端庄大方。头部采用插入式，戴巾帽，束髻，后脑内空，有榫口，可装折，帽前正中嵌圆珠。凤眼赤目，双眉微蹙，五绺长须飘洒胸前，神情肃然。身披锦绣官袍，腹饰玉带，双手掩袖内，握收于右腹下。足蹬革靴，右足前伸，左足内收，端坐，器宇轩昂且不失威武之势。背部凹刻篆书"莆田廖熙"方章款。造型古雅端庄，衣纹线条具有绘画性，皱褶简练大方，线条自然流畅，注重造型的整体感和抑扬舒急的节奏感，大有"曹衣出水""吴带当风"之气度，极具艺术感染力。刀工上，刀法雄健有力，如笔行运自如，刀锋锐利磊落而不拖泥带水，隽秀中见健劲。

本尊关公像用楠木雕作而成。其色浅橙黄略灰，纹理淡雅文静，质地温润柔和。千百年来，关羽以忠贞、守义、勇猛和武艺高强著称于世，以忠义精神为核心的关公文化精神，跨越千年，久传不衰。

* *

福建莆田是中国最大的木雕工艺产业所在地。莆田木雕兴于唐、宋，盛于明、清，素以"精微透雕"著称。莆田木雕在明代形成了造型简洁、明快清新的艺术风格，清代进入结构考究、装饰华美、繁复厚重的辉煌时期。清末雕刻名手廖熙是莆田木雕史上具有划时代意义的人物。廖熙的木雕作品被后人称之为"廖氏木雕"，其风格奠定了近现代莆田木雕以立体圆雕为主，造型生动夸张、雕工细腻精致、线条优雅流畅的雕刻艺术风范。

廖熙（1863—1918 年），莆田人。师承家教，长于刻花，刀法十分挺拔。他对作品要求严格，所刻关羽、达摩等件，因物赋形，各具情态，均属珍品。廖熙精通绘画，他将传统画技巧妙地融入民间雕艺之中，使木雕艺术达到很高的境界。他又长于书法，用笔雅健秀劲，令人赞叹不已。光绪年间，廖熙的木雕作品被作为贡物供奉朝廷。宣统年间，他的雕件在巴拿马国际博览会展出，获一等奖。廖熙艺风严谨，善于因物赋形，其木雕艺术最具特点和影响力的是观音、达摩、关公等宗教造像。

清雕茶树根观音戏木莲

漆木 雕塑造像
通高 66 厘米 通长 53 厘米 通宽 27 厘米
观音高 58 厘米 木莲高 41 厘米
国家一级文物
福建博物院 藏

作品由观音、木莲、底座 3 部分组成。色泽呈茶褐色,仿古天然色彩,具有明净和谐、古朴典雅的风格。观音头结高髻,长鬃过耳,肩披帔,胸结飘带,身着长衫,长裙曳地。右手握仙拂,下垂腰侧,左手曲胸前,伸食指,躬身垂首,目视木莲。面容端庄丰满,神态温柔娴静。木莲头戴花冠,圆脸、长耳,眉清目秀,神情文静,满面笑容。项挂串珠,背垂玉佩,身着长衫,长裤,腰束带不垂缨穗。左手曲举,两指拈一冠带,右手前曲握经卷。足蹬如意头履,左足着地,右足略提内收,正坐转首望观音。这件茶树根雕作品,妙趣天成,立意深远,是不可多得的艺术珍品。

＊＊＊＊＊＊＊＊＊＊＊＊＊＊＊＊＊＊＊＊＊＊＊＊＊＊＊＊＊＊

根雕是以树根的自生形态及畸变形态为载体,创作出人物、动物、器物等艺术形象作品。根雕创作中,大部分利用根材的天然形态来表现艺术形象,少部分进行人工处理修饰,因此根雕又被称为"根的艺术"或"根艺"。

清铜关公立像

清（1636—1911）
铜 雕塑造像
高 34.7 厘米 宽 12.4 厘米
国家一级文物
中国闽台缘博物馆 藏

关公立像裹软巾，二眉与鼻高凸，双眼微睁，
身内着铠甲，外披官袍，腰间束带，双手穿于
袖筒内，置于右腹处，双足穿靴，身体微侧倾，
呈站立状。黄铜质，整尊造像比例协调，人物
形象刻画鲜明，表情威严肃穆，栩栩如生，衣
褶线条简洁流畅。

* *

《三国演义》及此后的各种民间传说中，周仓均
以关羽护卫的形象出现，关平的形象在后世由于
民间对关羽的崇拜而渐渐丰满起来，在各地的关
帝庙中，关羽神像的两侧也经常供奉周仓、关平（关
羽之子）的神像。

民国柯世仁黄杨木雕作品（一组）

木 雕塑造像
国家一级文物
福建博物院 藏

该组作品出自木雕工艺大师柯世仁之手。柯世仁，清末福
州人，集传统技法之大成，擅于根据黄杨木、红木、竹子
等不同材料的性能，运用劈、削、雕、剔等刀法，随心所
欲，雕成风格各异的作品，最善雕刻古代人物等圆雕作品，
为木雕"象园派"名匠。

整组作品设计精心巧妙，形态生动。雕刻技法细腻娴熟，
线条圆润柔和，特别是人物衣褶线条流畅自然，肌肉富有
质感，动物神态惟妙惟肖。

（一）伏狮罗汉立像

通高 34 厘米 通宽 32.7 厘米
罗汉高 29.6 厘米 狮高 10.2 厘米

罗汉头戴僧帽，帽后长巾披肩，皱额、
垂眉、眯眼、虬髯、含笑。身着阔袖
通肩大衣，披袈裟，袒胸。左手握禅杖，
收于胸前，右手伸食指，向外曲举。
足蹬草鞋，身体左边蹲一伏狮，狮项
套圈，背披棕毛，张口翘尾，转首向
罗汉。配有底座，用红木雕刻而成。

清铜关平立像

清（1636—1911）
铜 雕塑造像
高 47.7 厘米 宽 15.3 厘米
国家一级文物
中国闽台缘博物馆 藏

头戴帽，双眼微睁，高鼻，垂耳，面庞丰腴，
身穿圆领官袍，腰束带，双手托《春秋》，
脚穿长靴，呈"丁"字站姿，侧立于四足方
形座上。黄铜质，人物脸部平静祥和，衣纹
流畅，衣摆飘逸。

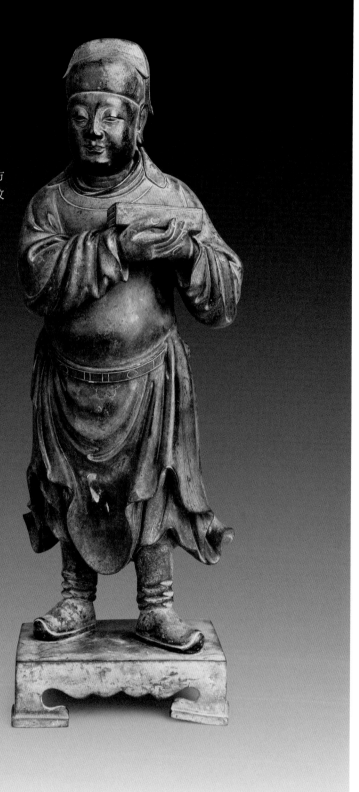

清铜周仓立像

清（1636—1911）
铜 雕塑造像
高 47.7 厘米 宽 15.3 厘米
国家一级文物
中国闽台缘博物馆 藏

头戴曲檐高帽，圆眼，广鼻，垂耳，面部
五官深邃，身穿圆领官袍，双手交叠，悬
于右胸处，右手似有持物，脚穿长靴，呈
"丁"字站姿，半侧身立于四足方形座上。
黄铜质，人物脸部表情形象生动，衣纹流
畅飘逸。

（二）伏虎罗汉立像

通高 31.8 厘米 虎高 9.5 厘米

罗汉光头，皱额，瘦脸，短胡，闭目，戴耳环，身
着长衫曳地，腰束柳叶裙，两手掩袖内，抱握长杖，
杖头挂葫芦，足蹬如意头履，身右欹，挂杖立，身
体右边蹲伏虎。配底座。

（三）弥勒佛坐像

通高 22.2 厘米

头光秃，长耳垂肩，眉开眼眯，张口翘舌，胖脸笑容可掬。身着阔袖长衫、长裤，袒胸露腹，肌肉丰腴，身左欹，坐于五谷袋，左手垂贴腰侧下撑，右手小指勾垂仙拂，靠于右膝。赤足，右足曲提踏于袋上，左足着地内收。配底座。

（四）长眉佛坐像

通高 20.5 厘米

光头，凸额，大耳，面清癯，眉长垂腹，闭目坐禅。身着长衫、长裤，袒胸露脯，双手叠放于腹下，做"法界"状。赤足结跏趺坐于蒲团，身左边立仙鹤，口衔灵芝，转首朝佛。配底座。

民国陈道灿雕黄杨木人物坐像（一组）

木雕塑造像
国家一级文物
福建博物院 藏

陈道灿，福州大坂乡人，清代雕刻艺术家，师承陈天赐，
"大坂派"代表艺人之一。"大坂派"早先主要雕刻弥勒
佛、十八罗汉、八仙、观音等神仙佛像，后来又增加了仕
女、动物等形象。

这3件作品质地坚韧光洁，纹理细密，作者根据材料本身
的天然形状和纹理方向，巧加雕琢，准确把握人物的表情
与动态，刀法婉转流畅，人物清新俊逸，栩栩如生。由于
存放时间久，3件作品生发厚重滋润的玻璃包浆，颜色亦
由浅而深，呈现棕红色，给人以古朴典雅的美感。

* *

黄杨木雕创始于宋元，流行于明清。明清时期，黄杨木雕已
经形成了独立的手工艺术风格，并且以其贴近社会的生动造
型和刻画人物形神兼备而受到人们的喜爱，内容题材大多表
现中国民间神话传说人物。

（一）刘备坐像

像高17厘米，头戴朝冠，饰宝珠玉佩，眯
眼、俯首，三绺长须，开口微笑。身着龙袍，
腰饰玉带，右手曲胸前，手捋胡须，左臂
曲贴腰侧，握玉带。足蹬高履，两腿八字开，
端坐于绣墩上，气定神闲。

（二）关羽坐像

像高 16.2 厘米，头裹巾帽，束髻，巾帽前正中饰缨穗，蹙眉凤目，五绺长须。身着铠甲龙袍，腰饰玉带，右袒露甲，手揽长须，左手握开卷兵书，曲收于胸前，作凝思状。足蹬革履，左足前伸，右足内收，端坐于绣墩上，神情严整。

（三）张飞坐像

像高 16 厘米，头裹巾帽，帽前正中饰缨穗，浓眉环眼，虬髯，披帔肩，身着铠甲，右手握杯，收于胸前，左手托须。足蹬革履，右足着地，左足提起内收，侧头欹身，坐于绣墩上，豪迈威武。

［玺印］

明镂雕螭钮叶进卿玉方章

明嘉靖、万历、天启年间（1559—1627）

玉 玺印符牌

长 3.2 厘米 宽 3.1 厘米 高 6.5 厘米

国家一级文物

福建博物院 藏

白玉材质，呈灰白色，玉质温润。方章镂雕螭
虎钮，螭虎造型古朴，呈扭头回望状，四肢着地，
雄武有力，神态生动，气势雄迈。雕工线条简练，
巧妙应用古法，用刀浑朴，形态逼真。章底篆
刻阴文"叶进卿印"四字。此章虽历经几百年，
但保存尚好，表面有玉石的自然裂纹，属叶向
高的私人印章。

清杨玉璇雕狮钮田黄方章

明末清初
通高 2.5 厘米 底边方 2 厘米
国家二级文物
福建博物院 藏

杨玉璇，又名玉璿、璇、璙、玑等，传说明朝崇祯年间生于漳浦，后长居寿山石产地福州。周亮工（1612—1672）在《闽小记》中载，"（杨玉璇）能以寸许琥珀作玲珑准提，毫发毕露，见者惊奇。"清康熙三十七年（1698）《漳浦县志》载，"杨玉璇，善雕寿山石，凡人物、鸟兽、器皿，俱极精巧，当事者争延致之。"杨玉璇对寿山石雕刻技艺的发展贡献巨大，影响深远。他融会前人技艺，创造出"由匠入儒"的艺术风格，同时提升了寿山石雕"行刀如笔"的独特技艺。其刀法古朴、苍劲、老辣，人物形象近乎写实，尤其注重神韵的刻画，敢于打破常规，别开生面，将寿山石雕刻技艺推向新的艺术巅峰。

此狮钮方章，田黄石材质，石色黄带红，石质莹润。

清周尚均雕龟钮芙蓉方章

清康熙年间（1661—1722）

石 玺印符牌

通高 4.8 厘米 印面 2.7 × 2.7 厘米

国家二级文物

福建博物院 藏

周尚均，名彬，清康熙时福建漳州人，尤擅印钮雕刻，其技艺超凡，名冠当时，所创作的印钮作品极具装饰味，兼具华茂，被称为"尚均钮"。其中不少优秀作品被地方官吏进贡朝廷，为清宫所收藏，对印钮艺术的发展影响深远，是几世纪来公认的巨匠，堪称寿山石雕刻的一代宗师。

此龟钮方章，芙蓉石材质，色灰白纯润，钮为一龟四爪伏地的形象，章身上端四周刻云纹图案一圈，于纹间刻有"尚均"二字，印文阳文篆刻"奇珍秘宝供我品题"。

＊＊＊＊＊＊＊＊＊＊＊＊＊＊＊＊＊＊＊＊＊＊＊＊＊＊＊＊＊＊＊＊＊

寿山石雕在中国传统玉石文化中占有突出地位。清代是寿山石雕的昌盛时期，据史籍记载，雍正时寿山石雕已纳入官府的征税范围，雕刻艺术因材施艺，分别雕刻印章、文具、人物、动物及玉镶嵌各种器皿。钮饰艺术在这一时期得到长足发展，雕刻艺人在继承古代玉玺、铜印等钮饰基础上，创造出很多造诣很高，风格独特的印钮。

由于石章钮饰的出现，寿山石雕技法亦有了很大的变革与发展，如圆雕、浮雕、薄意雕和边款雕等，其中薄意钮雕始于周尚均。此款"尚均钮"中章身上端雕刻的一圈云纹图案即采用薄意手法雕刻，富有丰富的历史文化韵味，是"尚均钮"的典型特征。

清同治潘玉茂刻兽钮芙蓉长方形章

清同治年间（1862—1875）

石 玺印符牌

底长 2.8 厘米 宽 1.8 厘米 高 4.8 厘米

国家二级文物

福建博物院 藏

潘玉茂，清代同治、光绪年间福建寿山石雕名艺人。福建侯官人。善刻印钮，学著名寿山石印钮大师周尚均的技法，喜作深刀雕刻，并精益求精，对印钮、博古、薄意及开丝、雕边等，均有很高的艺术造诣。他把自己的技艺传授给潘玉进、潘玉泉两个弟弟，他们互相切磋，共同创立了"西门"薄意流派的艺术风格，被后世尊为"西门派"鼻祖。

此兽钮长方形章，寿山白芙蓉石雕刻而成，色藕尖白而纯，印钮雕一螭虎，章为日字形，底篆书白文"陈氏"二字。刻工精致，姿态生动威武，印文刀风古朴、劲挺，是西门派钮雕作品的典型代表。

＊＊＊＊＊＊＊＊＊＊＊＊＊＊＊＊＊＊＊＊＊＊＊＊＊＊＊＊＊＊＊＊＊＊＊

此章原为潘玉茂作，后因钮头损坏，经林文宝重新修刻。林文宝（1888—1944），小名牛姆。福建福州市人，居西门半姆。潘玉进弟子，专长印钮雕刻，超逸古朴，名重一时，誉称"钮工一巨擘"。此章经两位寿山石雕刻名家之手，又逢此珍贵石材，当属寿山石钮雕作品中的极品。

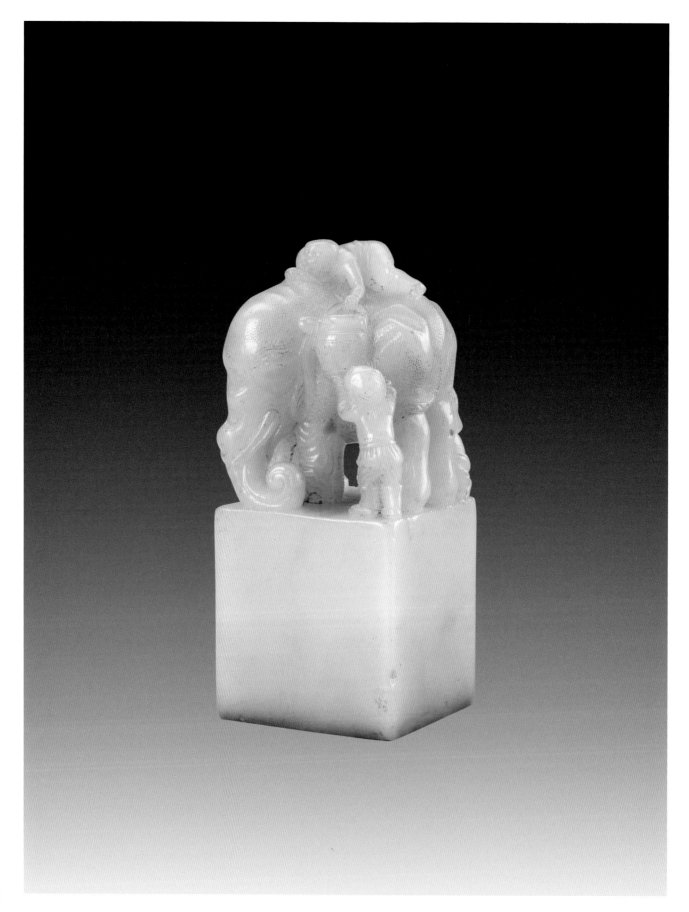

清林元珠雕洗象钮芙蓉方章

清末
通高 7.6 厘米 印面 3.3 厘米 ×3.3 厘米
国家二级文物
福建博物院 藏

此章系清末著名寿山石钮雕名家林元珠所作。寿山芙蓉石材质，色猪油白，钮雕四人洗象的情景。印文篆书"汉阳万氏金石图书记"。

林元珠 (1864—1935)，字石斋，福州市鼓山镇后屿村人。父亲林淑钦为石雕艺人。林元珠幼时随父学石雕，后拜寿山石雕东门派的鼻祖林谦培为师，尽得圆雕技艺，其印钮、博古及圆雕人物无所不工。他所作的兽钮，筋力遒健，特别着意于须、鬃、毛发的处理；行刀流利，精致活泼；雕刻螭虎穿环，飞鳌水兽等尤为精妙；人物雕刻时，除单尊外，常以半悬身法作群雕，配以背景山树，浑然一体，古朴有趣，时人争相收藏。林元珠是东门派的中坚人物，他的徒弟有堂弟林元水、次子林友清及郑仁蛟等，也卓有成就，一脉相承，共成一个"东门派"。

象是寿山石钮雕中常用的一种动物题材。但由于象的体积庞大，所以很难刻画和表现，稍有差池即易成为粗俗呆板、缺少灵性的平庸之作。林元珠在此件象钮中，他巧妙地将体态笨重的大象做了得体的处理，并在毛发的雕刻上着重进行了细微的刻画，是整个大象的形象显得粗中有细，精致活泼，同时将动态的洗象小童配以四角，整体造型严谨，浑然一体，笨重与轻灵相对比，颇有神采，不同凡俗。

民国陈可铣雕兽钮水晶冻方章材

石 玺印符牌
底长 1.6 厘米 高 7.9 厘米
国家一级文物
福建博物院 藏

陈可铣（1895—1960），福州市西门凤尾村人，出身于印钮世家，自幼受家庭熏陶，嗜好雕刻寿山石。他先仿当时"钮工一巨擘"林文宝的制钮法，以后又专事商周秦汉的钟鼎玉器图案研究，以古拙的艺术风格而驰名。

此件狮钮印章材寿山石水晶冻材质，质晶莹润洁，里隐现棉细纹，色冻白纯美，章材顶端雕一蹲狮钮，呈扭身回望状，毛发卷曲似云纹，四肢有力，神态生动，气势雄迈。钮下材身浮雕龙凤夔纹博古一周。狮钮造型古朴，形态生动逼真，刀法刚健有力，是陈可铣兽钮中颇有代表性的一款。

民国林清卿刻巧色薄意花卉田黄方章材

石 玺印符牌
长 2.0 厘米 宽 1.9 厘米 高 3.9 厘米
国家一级文物
福建博物院 藏

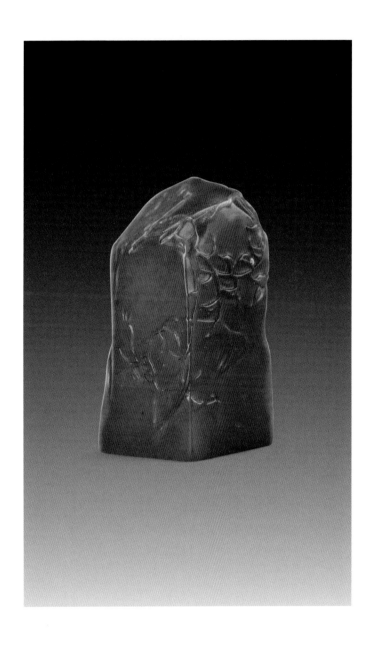

林清卿（1876—1948），福州市西郊凤尾乡人，寿山石雕刻名家。自幼师从寿山石雕"西门派"高手陈可应学习寿山石雕"薄意"技法。他将中国画的立意构图、篆刻刀法的韵味及诗的意境熔于一炉，创造出别具一格的新"薄意"石雕艺术，使"西门派"的雕刻技法达到更高的顶点，时人称之为"西门清"，是"西门派"中的一名主将。

此章田黄石材质，外层呈灰白色，内里呈枇杷黄，俗称银裹金，石质晶莹润美。此章为不规则方章材，外层白皮依形巧刻薄意花卉，纹样清晰秀丽，是不可多得的寿山石章精品。

寿山石虽天生丽质，然而难于完美，常有格、裂、斑点等缺陷，如何因材施艺，巧掩瑕疵，艺人要有化腐朽为神奇的功力。林清卿在这方面的造诣尤为精湛，他的"薄意"雕技的最大特色是"因材施艺，巧掩瑕疵"，凡石料色泽愈杂，裂纹愈多，他的构思就愈见奇巧。此章材即为其依石形雕刻而成。

南宋木雕饰鱼带

南宋（1127—1279）

木 竹木雕

最长的托板长 18.2 厘米 宽 3.6 厘米 厚 0.6 厘米

国家一级文物

福州市博物馆 藏

由 11 件金鱼饰片和 10 块托板组成，所有托板表面有涂墨
黑印的涂料，饰片上有白灰色涂料残余。托板有 3 种，一
种为心形板，一种为上方带弧形拱顶板，一种为长方形板。
长方形托板上镂雕双鱼纹饰 3 片，拱形托板配长方形浮雕
饰片，心形托板配心形单鱼饰片。出土时不够完整。

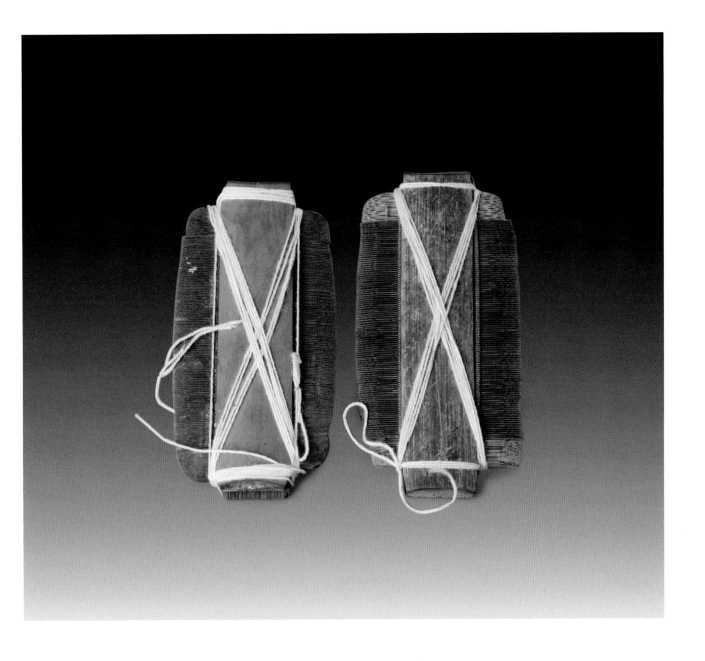

南宋竹篦梳

南宋（1127—1279）

竹木 竹木雕

通长 8 厘米 宽 5 厘米 厚 0.3 厘米

国家一级文物

福州市博物馆 藏

竹篦中间一对夹片，片头尾外斜，所夹梳子左右两端为倭角梯形小片，中间有 127 根平行排列的梳齿皆用竹子制成。夹梳齿两旁与梳齿等厚，梳齿排列集齐，加左右梯形夹片后，上边接大夹板宽屏，另加两条细竹丝，用胶加固与大夹片粘在一起成篦梳。因脱水胶质消失，现用棉线扎紧固定。

南宋木牌、木签

南宋（1127—1279）

木 竹木雕

木牌通长 12.1 厘米 通宽 11.5 厘米
　　厚 0.8 厘米

木签通长 8.2—13.5 厘米 通宽 2.1—3.5 厘米
　　厚 0.5—0.8 厘米

国家一级文物

福建省泉州海外交通史博物馆 藏

1974 年，泉州后渚港出土了一艘我国建造的古代远洋木帆船，船舱内发现了许多珍贵文物。其中，出土的木牌、木签总共有 96 件，其中木牌 33 件，木签 63 件。木牌有八边形、方形；木签有长方形、菱形、楔状形和钉状形等多种形态。可分为职称、商号、人名等 3 类。木牌、木签原本只是对货物的标记，但其中却包含着人物信息。图上所示的 10 件木牌、木签，字迹清楚。

木牌、木签所标记的职称与历史文献记载相吻合："朱库"指直库，"张什"即杂事，"丘碇"即碇手，"张绊"即缆工，"安厨"即厨工，"礼天"即司祭，其他如"杨工"等为一般水手，"曾幹""林幹"里的"幹"应为"舶幹"，是市舶司的官吏。在这些商号牌签里有"南家"，可能是宋代泉州地区商家的称号。

"安郡""河郡"推测是寄存私货的人名，是一种以封号代姓氏的木牌签。"哑哩"可能是位穆斯林的名字。在宋代，船上的工作人员依据级别可以携带或多或少的货物以代替工资，甚至绝大多数人员都要以此获得报酬。

南宋木尺

南宋（1127—1279）
木 度量衡器
残长 20.7 厘米 宽 2.3 厘米
国家一级文物
福建省泉州海外交通史博物馆 藏

此件文物出于泉州湾后渚港南宋沉船第十三舱，已断为 3
段，可连接。右半长 13 厘米，有 5 个刻度，每个刻度平
均长 2.6 厘米。按宋代一尺为 30.72 厘米（吴承洛：《中
国度量衡史》），这把竹尺 5 个刻度计 13 厘米，以 10
刻度计算，全长应为 26 厘米，比宋尺短。与 1975 年福
州浮村南宋黄昇墓出土的木尺长度（28 厘米）比较，则
颇近似。

有学者认为其为古代航海用的量天尺，联系《马可·波
罗行纪》所载北极星出水高度的几个数据，可说明我国
古代航海事业中天文导航的技术水平。

南宋木象棋子

南宋（1127—1279）
木 竹木雕
通长 3—4.1 厘米 通宽 3—4.1 厘米 厚 1—1.3 厘米
国家一级文物
福建省泉州海外交通史博物馆 藏

出土于泉州湾后渚港南宋沉船的木制象棋子共 20 枚，其中 16 枚以墨书或双钩朱书区别黑方与红方，"将""士""象""车""马""砲""兵"字迹可辨。

今中国象棋系唐代初创，北宋发展，南宋定型。南宋刘克庄在《象弈一首呈叶潜仲》中就明确记载象棋子计 32 子，各记其名，两人对下，计步而行。船舱出土的棋子，除卒写为"兵"之外，其他和刘克庄所说一致，可作为古船出土年代的佐证。船舱中出土的这些象棋子，推测是船员所用的娱乐用品。

* *

明初马欢《瀛涯胜览·旧港国》说该国"国人多是广东漳泉州人移居此地……彼处人多好博戏，如把龟、弈棋、斗鸡。"可见明初中国象棋在南洋一带已大为盛行。

南宋海船篾帆

南宋（1127—1279）

其他植物质 竹木雕

长 94 厘米 宽 50 厘米 厚 0.8 厘米

国家一级文物

福建省泉州海外交通史博物馆 藏

出土于泉州后渚港南宋沉船的这件编织物近长方形，以篾皮编
织成六角形孔而成，用 6 条篾皮组成一六角形孔目，6 条篾竹
皮分成 3 组，每组 2 条均匀平行线，分别从不同方向交错编织
而成。编织工整，出土时编织结构完整，仍然保持原来的色泽，
但过后迅速发生变化。它是我国宋代远洋木帆船使用篾帆的珍
贵实物资料。

清漆金木雕戏剧人物长方供盒

清（1636—1911）
漆木 竹木雕
长 28 厘米 宽 42 厘米 通高 48 厘米
国家一级文物
漳平市博物馆 藏

供盒由盒盘、盒身、底座组成。盒盘平面呈六方格，附盒盖。盒身和盒盘合为一体。

盒身由上、中、下三个层次组成一个整体，采用镂空雕刻技法，呈对称布局，层次清晰，构图规整匀称，雕刻有100多个传统戏剧人物，前呼后拥，神态各异，人物形象生动活泼，栩栩如生。盒身套玻璃罩，玻璃罩的四根立柱为前后两幅阳刻黑底金字的竖刻对联。一幅为隶书："德星永聚福曜长临光彩焕门庭峥嵘品物，基绪玺承箕裘远绍馨香留器皿罗珍琳馐。"另一幅为行书："德薄忝经营把将虞夏盘筐这里仿为崇祀计，基成隆创造刊彦古今人物简中长作画图看。"雕刻与对联相得益彰，从而达到锦上添花、富丽堂皇的艺术效果。

盒盘上端镶嵌有4只呈两对相背可活动的狮子，作蹲伏状，盒盘顶部凿榫头与狮子底部卯眼相接，可将狮子套上与器身相连。狮子神态安详、稚拙可爱，似在高处憩息。

这件造型精美、工艺精湛的传世民俗文物，是漳平永福镇福里村陈氏家族作为每年在宗祠举行隆重祭祀仪式上用于盛供品的一种礼器，寄托了祭祀者对先人的怀念和敬祖崇宗的思想感情，凝聚着深刻的民俗文化。

清金漆透雕菓盒

清（1636—1911）

漆木 竹木雕

口径 41 厘米 底径 37 厘米

国家一级文物

莆田市博物馆 藏

菓盒分上下两部分，上为菓盒身，下为底座，菓盒呈筒形，中空，顶部透雕一周缠枝瓜果，上嵌立 8 只凤凰。菓盒腹部嵌 8 块透雕人物故事花板，花板背衬镂空漆金"卍"字纹，花板内外双层四周浮雕缠枝花卉，上下雕一周回纹。上部回纹上嵌 8 只龙首，龙首上嵌人物立像，龙首间嵌一朵花卉；下部回纹上嵌 8 只莲花形柱础，下由一跪姿力士托住，柱础间嵌 8 块透雕花卉护栏。龙首与柱础间套透雕鲤鱼跳龙门及盘龙柱。肚眉为 8 个如意形开光，内浮雕花果图案，束腰处嵌 8 块透雕花鸟图案。束腰外围底座上穿插嵌 8 个人物立像和 8 个人物骑马像。底座 8 狮首间雕花卉，8 只小卧狮托住狮首足。菓盒上并饰彩色绒球，雕工精美，工艺精湛。通体漆金，间有红、黑色漆。

清郑成功军队藤盔

清初（1624—1662）
藤 竹木雕
腹径 20 厘米 高 18 厘米 重量 400 克
国家一级文物
厦门市博物馆 藏

通体藤编织而成，钵体以藤条盘结，层层
以藤皮编结成间格网纹。钵体前中部编一
道直的凸棱，下部编一圈凸棱。凸棱圈下，
前有藤编庇眉二叶，后有藤编庇项一叶，
呈微敞荷叶状，最外沿再编有一圈凸棱。
器物完整、牢固，酱褐色，略有光泽。

据考证，藤盔为郑成功军队将官作战时所
佩戴。

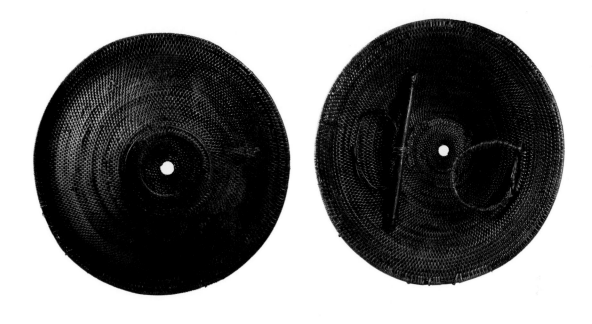

清郑成功军队藤牌

清初（1624—1662）

藤 竹木雕

高 18 厘米 直径 20 厘米 重量 3500 克

国家一级文物

厦门市博物馆 藏

藤牌为圆形藤制兵器，酱色，略有光泽。通体藤条盘结，层层以藤皮编结成间格网纹，中部逐渐如笠状隆起，中央有一小圆孔。背面以绳贯两木把手作挽牌用，绳穿牌内。

史载郑成功军队"藤牌兵"骁勇善战，曾在收复台湾战役中给荷兰殖民者军队以沉重打击。该藤牌即为当时郑军军队所使用。

[漆器]

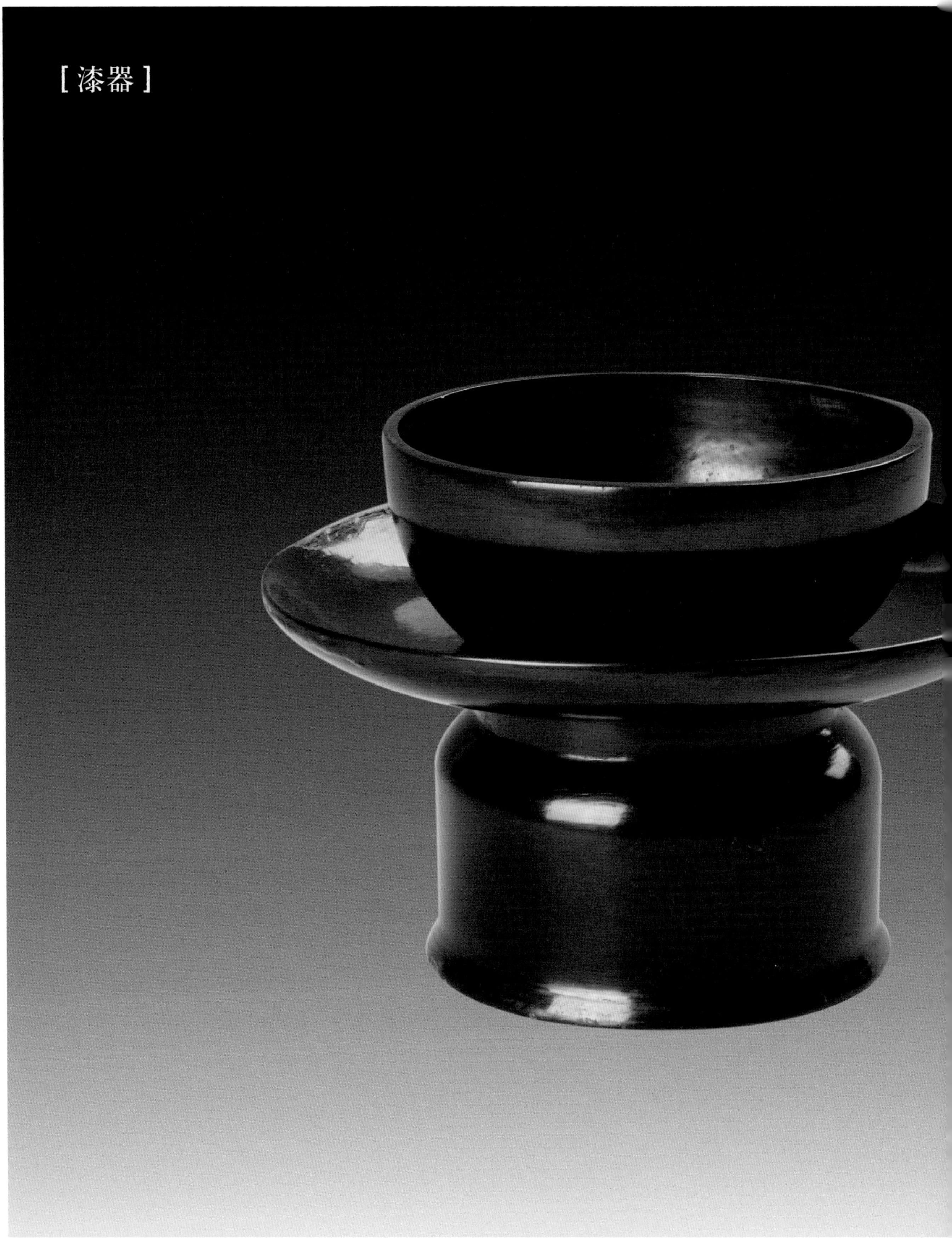

南宋黑漆托盏

南宋（1127—1279）
其他有机质 漆器
通高 12 厘米
托高 7.5 厘米 外径 14.6 厘米 内口径 6.5 厘米 底径 9 厘米
盏高 4.55 厘米 口径 10.23 厘米 底径 5.15 厘米
国家一级文物
福州市博物馆 藏

托盏由木盏和托座组成，木胎在车架上加二旋出托口如圆盘，唇
口外撇丰肩垂直至中足部外敛至托下，足内平底，托座内部盏像
半球形，盏口平厚，盏底微上凹，盏内平底。盏托皆黑色，推光漆，
漆面有缩漆现象。

南宋钉银描金黑漆托盏

南宋（1127—1279）

漆、银、金漆器

通高 11.3 厘米

盏口径 10.5 厘米 底径 3.5 厘米 高 5.3 厘米

托口径 8.5 厘米 底径 7.3 厘米 高 6 厘米

国家一级文物

邵武市博物馆 藏

这件钉银描金黑漆托盏，整器分为盏、托两部分，为漆木器仿建窑黑釉兔毫盏。盏束口，圆唇，深斜腹，圈足。内外壁饰金彩放射状纹，外壁髹漆不及底。盏托直口微敛，深弧腹，盘侈口，浅腹，圈足透空，足墙外折，盏、托、盘口沿及盘足部皆镶银扣。用漆器来仿制瓷器，比直接烧造一件瓷的兔毫盏还要耗工费时。工匠要在木胎上刷上十几道漆，来模仿兔纹的丝丝毫毫之感。在其他细节上，也仿得很精细，比如碗的外壁髹漆到腹下而不及底，圈足露胎，这是宋代建窑的一大施釉特点。口沿上还嵌上了一圈银扣，这也是宋代当时非常流行的陶瓷装饰风格之一。

这件文物不仅充分显示了南宋时期工匠制作漆器的高超水平，也从侧面反映了黑釉盏在宋代的流行，亦可反映宋代文人与茶的关系。1998 年邵武水北镇黄涣墓出土。

* *

黄涣，字德亨，邵武人，生于南宋绍兴十七年（1147），卒于宝庆二年（1226），卒年八十。为朱熹弟子黄榦黄氏家族邵武派的成员，在《八闽通志》和邵武地方志中均有记载，师从吕祖谦，历任太学博士、京西议幕、岳州知郡等职，其为官从政主要业绩为"罢厨傅、蠲鱼税、捕淫祠"，是一位勤政清明的地方官吏。

南宋剔犀漆柄团扇

南宋（1127—1279）
其他有机质 漆器
长径 27.5 厘米 短径 20 厘米 柄长 14.5 厘米
未定级
福州市博物馆 藏

扇为椭圆形，制作精细，扇骨以精细的竹丝为材料，每根竹丝都是经人工精工细磨，扇框和扇柄均上漆，扇面为纸质。团扇重量轻，扇面和扇柄的比例协调匀称。

从色彩方面分析，扇骨为竹丝的原色，扇框及上半部扇柄为褐色漆，扇柄的下半部为枣红色漆，扇面为纸质的本色，几种色彩组合在一起过渡自然，色与色之间相差不大，不会给使用者带来视觉上的疲劳，足见设计者用心独到。该团扇的出土，是福州迄今为止，从墓葬出土的唯一一把属于扇子类的文物。

南宋剔犀如意云纹三层六出葵形盒

南宋（1127—1279）

其他有机质 漆器

通高 15.7 厘米 盖高 2.8 厘米

首层外壁高 2.3 厘米 中层外壁高 5.31 厘米

底层外壁高 5.3 厘米 直径 15 厘米

国家一级文物

福州市博物馆 藏

该盒为木胎，六边葵形，三层一盖，有子母口，盖底扣合严密，平底，浅足跟。盖面外围饰 8 个如意云纹，中间 4 个，正中留出一个方形，中间呈"葵"字形图案，有些空下"¥"字形图案；盖外壁饰灵芝形图案，与首层外壁对称，每边各 2 对；中层与底层外壁对称，每边内有如意纹与灵芝纹各 2 对。器外表髹棕褐色漆，表面光亮。器内髹黑色漆，光亮。

南宋剔犀如意云纹圆形盒

南宋（1127—1279）

其他有机质 漆器

通高 5.5 厘米 盖高 2.5 厘米 直径 15 厘米

国家一级文物

福州市博物馆 藏

该盒为木胎，单层圆形盖盒。盖面周围饰有如意纹 6 个，中间饰一对灵芝纹，盒身饰 6 组垂芝纹，盒表面内红、橙色漆 8 层，镂刻成以上各种纹饰；盒内及盒底髹黑色漆，经脱水处理后，可见缩漆现象，有多处黑色漆缩漆的自然突起，盒盖表面出现很多麻点突起，表面尚保持光亮。

近代沈正镐脱胎竹根瓶

脱胎 脱胎漆器
通高 113 厘米 口径 32.5 厘米 底径 38 厘米
国家一级文物
福建博物院 藏

沈正镐脱胎竹根瓶，沈绍安家族漆器的传世精品。该瓶口沿外侈，呈不规则连弧形，瓶身呈竹节生长状，主节粗壮，略长，直径，腹微鼓，节轮清晰，外壁贴小叶，加饰枝叶底附弧形三足，足壁外呈细密颗粒状，表现竹根断面的生动逼真。

这件瓶最具代表性的工艺首推"薄料"和"印锦"，薄而劲展的竹叶采用"印锦"工艺压模而成，笋黄的瓶身配以叶青的竹枝，旁逸斜出，意趣盎然，整件作品都有含金晕银的色泽，华美雅致。"薄料"也称"拇指球敷色料技法"，是用右手拇指下那块隆起的掌丘沾漆料，再将漆料轻轻拍打在漆器表面，然后用极柔顺的头发刷子将手纹刷平。

* *

福州脱胎漆器创始人沈绍安（1767—1835），恢复了传统的"夹纻"工艺，并在其基础上创造了脱胎漆器。经过沈氏家族几代人的继承发展，到沈绍安第五代子孙时，沈正镐（1862—1931）和沈正恂两兄弟在前辈的技术积累基础上发明了"薄料"技术，经过反复试验，兄弟俩发现把金箔和银箔研成粉末和熟桐油调在一起，可以制成淡黄色或者银白色的浅色漆，再和其他彩色相混，便可调配出以系列浓浓深浅、鲜艳明亮的色彩。"薄料"技法突破了中国传统的金银彩绘技术，完善了福州脱胎漆器从制胎到漆器表面装饰一整套完整的制作工艺体系，大大提升了福州脱胎漆器的工艺水平，福州脱胎漆器由此进入了黄金时代。

近代沈正镐脱胎荷叶瓶

脱胎 脱胎漆器
通高 98 厘米 口径 38 厘米 底径 54 厘米
国家一级文物
福建博物院 藏

该瓶主体呈青绿色，瓶身呈一片荷叶向上束拢状，口沿外卷，自然翘曲扭转，呈不规则的连弧形，瓶颈微束，瓶腹微鼓，叶脉清晰流畅，形态大小不一的红荷绿叶莲蓬环绕底座，簇拥的红荷陆续开放。纵观整器，造型错落有致、主次分明、古典端庄。该瓶通体色彩绿肥红瘦，色彩中泛着金属的光泽，随瓶身和荷花的形体转折弧度自然变化，颇显华美。

* *

极具地域特色的福州脱胎漆器与北京景泰蓝、江西景德镇瓷器并称为中国传统工艺的"三宝"。脱胎漆器不仅色彩含蓄丰富多样，手感光滑柔润，而且具有坚硬耐磨、耐酸碱腐蚀、耐高温、防水、耐盐等一系列优点，而且质地轻盈。

"视之九鼎兀，举之一羽轻"，这是郭沫若先生对福州脱胎漆器最大特点"轻"的写照。福州脱胎漆器光亮美观、不怕水浸、不变形、不褪色、坚固耐温、耐酸碱腐蚀。其从塑胎、选料至成品有二十几道工序。

近代沈正镐脱胎提篮观音

脱胎 雕塑造像

通高 75.5 厘米 底径为 37 厘米

国家一级文物

福建博物院 藏

观音面盘端庄丰满，头梳高髻，含睇下视，肩披长带，身着通肩花边大衣，腰部束花结带，长裙曳地，双手带镯，右肘前曲，手提鱼篮，左手收贴右腹下，赤足立于浪花翻卷的荷花座上。塑像呈古铜色泽，隐隐泛着金属的光泽，手感光滑柔润，这是福州特有的漆器工艺"薄料"技术和"揩清"技术所赋予的独特美感。"薄料"技术是将金银箔研磨成粉均匀的混入色漆中，用手掌的大鱼际部位仿佛均匀的拍打敷色其上的；而"揩清"技术则是在打磨很平滑的基础上用提庄漆混合生油均匀敷搽其上，再用手掌来回揩磨直至光泽显现。

宋蓝料菊瓣形碟

宋（960—1279）

玻璃 玻璃器

高 1.6 厘米 口径 8 厘米 底径 5 厘米

国家一级文物

福州市博物馆 藏

孔雀蓝色玻璃料器，加工成 24 瓣，碟口外撇内收如菊花，碟内平地与菊瓣交接凹槽成平底，碟外随菊瓣形起伏，口沿包银，大部分已脱落。

清郑氏部将陈永华"厥珍"印

清初（1634—1680）
水晶 玻璃器
长 5.1 厘米 宽 2.5 厘米 高 5.8 厘米 重 94 克
国家一级文物
厦门市博物馆 藏

印钮为马钮，马双足齐立，马首翻转后顾，躯体后半部做仰卧状，右后足前伸，为马口所衔。此印造型浑然朴素，生趣盎然。

陈永华，明郑两代开拓、经营台湾时期的重要辅政者。1962 年，中国科学院院长郭沫若先生鉴定水晶印印纹为古篆"厥珍"两字，意谓愿做郑氏之良马。现经考证，这枚水晶印为陈永华室名斋号印，印文属于传抄古文，应释读为"憩园（爰）"，为陈永华在台南武定里的居所陈氏园。

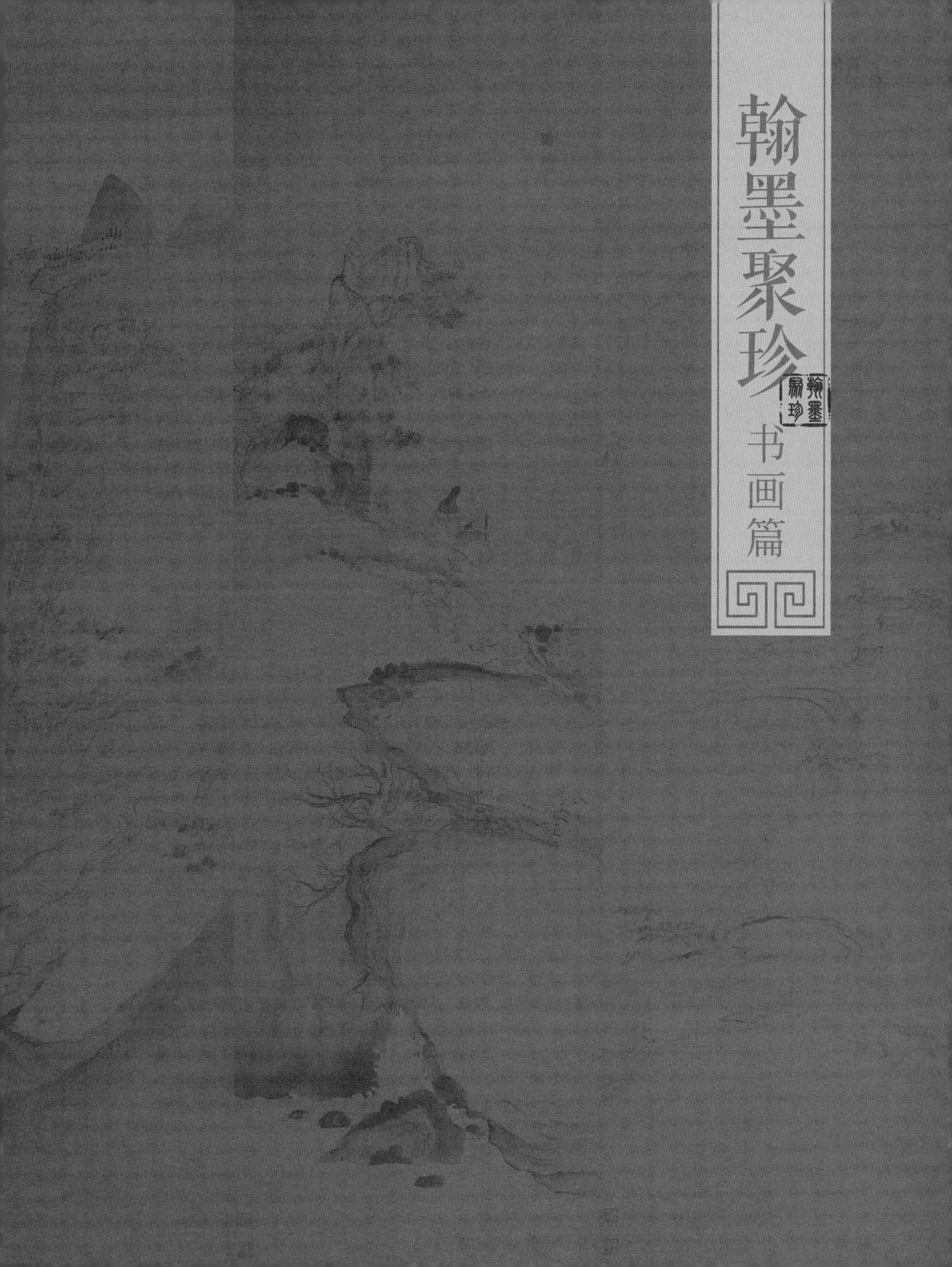

翰墨聚珍

书画篇

翰墨聚珍

书画篇

书与画，指书法与传统中国画，两者异体而同源，中国传统书画也可用翰墨代称。在长期的历史发展和传承过程中，书画艺术形成了从工具、笔墨、装裱制式、品评鉴赏到理论著录及保藏修复等相对完整的艺术体系。其形式与内容追求"诗书画印"合一，成为世界上独树一帜的、具有鲜明特色和深厚传统的艺术门类，其文脉可循且未有间断。奔腾不息的艺术长河承载着华夏文明的基因和血脉，汇入历史的汪洋大海，每一位书画家、每一件书画作品都如长河中翻滚的浪花，为浩瀚的艺术史注入了鲜活的血液和生命，画下了浓墨重彩的一笔。

传世最早的楚国帛画已然神情生动、造型优美。楚国的帛书和江陵的秦简也是继三代（夏商周）金文和秦石鼓文之后发现的墨迹真品，开隶书先河且自有法度。两汉普遍使用隶书，并出现章草，"汉兴有草书"。这期间的绘画作品大多见之于墓葬壁画，以人物为主，车马为辅。随着上层阶级、文人士大夫的介入书画逐渐形成主流，三国到两晋南北朝时期形成历史上一个高峰，书法上出现钟繇、"二王"（王羲之、王献之），史称"钟王"。绘画上出现顾恺之、陆探微、张僧繇，并称"画界三杰"。隋唐开始，楷书进入全盛时代，草书也达到顶峰，楷书法度严谨，狂草激情四溢，面目多变。隋唐绘画仍以人物、宗教画为主，山水、花鸟画尚处"初级阶段"。五代是我国山水、花鸟画的辉煌时期，上承唐朝余脉，下开宋代新风。花鸟画趋于成熟，"徐熙野逸、黄家富贵"，各树一帜，直接影响后世花鸟画的立意与创作。山水画以"荆关""董巨"（荆浩、关仝，董源、巨然）为代表，成为里程碑式的开创，后世尊为山水画"北派""南派"之祖。两宋书画成就卓著，随着统治阶层推行崇文抑武的治国方略，文学、书画均达高峰，书法有"宋四家"，院体风绘画得到前所未有的发展，秉承"外师造化，中得心源"，成就了画史上之"宋人格法"。宋代知名画家的人数远远超过了前代，更多名作载入史册，且文人与绘画的关系逐渐密切，为迎来文人画高峰奠定了坚实的基础。元代取消了五代、两宋的画院制度，摒弃院体束缚而法唐追古，文人画成为画坛主流，主张"以逸为上"，此时诗、书、画、印得到空前密切的融合。

明代是书画史上的重要阶段。这一时期，书法与绘画沿着宋元传统的基础上继续演变发展。上有所好，下必甚焉。几位皇帝喜好书法，社会群起效之，至帖学盛行。早期风靡一时的"台阁体"，端庄秀整，书风婉丽，影响直至清中期。明代中期，苏州（吴门）地区以文徵明、祝允明等书画家为代表，追溯晋唐古风，并以其个性鲜明、讲求形式美和抒发个人情怀的图式，突破了"台阁体"束缚，引领明中期书坛的主流。此外则是继唐以后，运笔狂纵奔放，不拘绳墨的草书也形成一时风气。明代晚期出现"邢张米董"（邢侗、张瑞图、米万钟、董其昌）等许多风格独特、成就卓越的书法家，其中以闽籍张瑞图、黄道周等为代表的行草书，多方折笔法，独辟蹊径，兴起了新的书风。

画派众多是明代绘画史的显著特征之一。初期为元四家的延续且宫廷"院体"绘画占重要位置，如以花鸟画著称于世的林良、吕纪。明中期以后，文人水墨写意在元代传统的基础上出现了新风尚。如以戴进为代表的浙派，以沈周、文徵明为首的吴门派，董其昌等为首的松江派、华亭派等等，流派纷繁，题材广泛，尤以山水、花鸟画成就斐然，画家们在宗法宋人笔墨的同时，注重诗、书、画、印互相结合，展现全面的文化素养和艺术品位。明晚期随着董其昌提出"南北宗论"崇南抑北的主张，影响了明后期的绘画风格，提倡仿古，以笔情墨趣取胜。

清代是我国最后一个封建王朝，历时近三百年，也是我国书法集大成时期。清书家致力于碑学和帖学的全面发展，或崇帖、或尊碑、或兼容碑帖。清早期书坛为过渡时期，帖学盛行，也是碑学孕育期，一方面承续董其昌崇尚帖学遗风，书体清劲秀润；另一方面，碑学书法创作也进入初级阶段。清朝中期是碑学兴起的革新期，随着清廷政权稳固、社会稳定和城市经济繁荣，书坛呈现角逐昌盛的景象。乾隆时期，以金农为代表的"扬州八怪"，其清新、奇逸的美学意识和独特的形式崛起于书坛。同时，金石文字入书、碑学兴起成为主流。晚期则是碑学大盛，帖学式微。碑学书法不以"二王"行草尺牍为取法对象，而是重返篆、隶碑刻古风，金文、甲骨文等成为取法、追摹对象，在书法史上具有划时代的意义。此期间，书法风格多样，百花争妍。

清早期的绘画，以"四王"（王时敏、王鉴、王原祁、王翚）为代表的"正统派"居画坛主流。同时，活跃于江南的"四僧"（朱耷、石涛、髡残、弘仁）、"金陵八家""新安画派"等另辟蹊径，师古不泥古，重视自然审美，外师造化，中得心源，抒发个性，成就自北宋以来山水画的又一高峰。清中期，所谓的"康乾盛世"也成就了绘画的繁荣景象，尤其南方地区，以扬州为中心，以金农、黄慎、郑板桥等为代表的"扬州画派"崛起，他们继承了"四僧"风貌，尤其石涛、八大山人"反正统"的理念，标新立异，风格独具，以崭新的面貌出现于画坛，发展了文人水墨写意传统，同时带着浓郁的商业气息。此时北方围绕以皇室为中心的宫廷绘画活跃一时，随着西洋画技法的传入掀起了一阵中西结合的热潮。清晚期的绘画，随着中外文化交流频繁，城市经济发展，产生以上海为中心的"海上画派"、以广东为中心"岭南画派"，各领风骚，名家迭出。其中，海派的"三熊"（任熊、朱熊、张熊）、"四任"（任熊、任薰、任颐、任预）及吴昌硕、赵之谦影响广泛而深远。他们既有对传统文化的继承，又有民间艺术的滋养，同时兼顾对西洋绘画技巧的吸收与对金石学的研究借鉴等，"海派"与高剑父为代表的"岭南画派"一同拉开了近现代绘画的帷幕。

近现代中国经历了从逐步衰落凋敝，再至民族复兴之艰苦卓绝的过程。此过程中书法仍上承清末，在康有为"崇碑抑贴"理论的牵引下，碑派书法继续占据重要位置。但很明显，近现代绘画发展比书法更胜一筹。一部分"传统派"画家在充分继承传统的基础上，力图变革出新，树立自己的独特风格，或给作品注入新的内容和形式，如齐白石、黄宾虹、潘天寿、李可染等。此外即是"西画"的滥觞和盛行。一方面留学生出国学习美术，一方面在国内采用西方的教学法创办美术学校。艺术界也有人提出"美术革命"的口号，借鉴西方美术以改革中国绘画的呼声和实践成为潮流。如徐悲鸿、林风眠、高剑父等。同时，以地域为区分形成了以上海、北京、广东为中心的海上画派、京津画派、岭南画派等，在"百花齐放、推陈出新"的方针指导下，春兰秋菊，各擅千秋。

福建位于祖国东南，古称"闽"（《山海经》），是全国唯一以"福"字冠名的省份，是"福文化"的精神属地，也是方寸海纳的聚福之省，文风兴盛，人才辈出，素有"海滨邹鲁"之称。综览书画史，历朝历代不乏闽籍书画家的身影熠熠生辉。宋代闽北建阳的惠崇善画花鸟和

山水，成就"惠崇小景"；长乐陈容号所翁，擅画龙，"所翁龙"成为后人画龙的典范；莆田的蔡襄为"宋四家"之一，被誉为"翰墨之豪杰"。元代连江郑思肖，其"露根兰"成为文人画主流，盛行至清末。明代莆田的吴彬，享有"画仙"之誉；曾鲸的墨骨人物画法形成"波臣派"影响深远；闽南艺坛的张瑞图、黄道周法古开新，成为书法艺术革新大家。清代闽西地区的上官周，人称"江南民间神笔"；其门生黄慎擅长塑造纤夫、乞丐、渔民等下层人民的形象，书画俱佳，与诗书画"三绝"的华嵒成为扬州画派主将；伊秉绶尤以隶书成就登峰造极，名重于时。近现代以来则涌现出林则徐、陈宝琛、严复、林纾、陈子奋、潘主兰、宋省予等一大批书画名家，他们坚实的传统书画功底和人文学养，构建了层次丰富、兼收并蓄的福建文化艺术生态。

纵观今日留存、庋藏的古代书画，得来诚非易事。自魏晋起才有书画墨迹卷轴可寻，随着年代久远，早期流传已如凤毛麟角，直至明清两朝方数量渐多。经年累月，春华秋实，这些难得珍存至今的书画作品，是中华民族精神的寄托，是我国艺术屹立于世界美术史上值得自豪的瑰宝。本篇汇集福建近十家省市各级博物馆馆藏明清以来二十余件书画精品，其中一级文物共 16 件（套），闽籍书画家作品 7 件，翰墨芳菲，虽少而精。在遴选作品上强调突出如下几点：1. 以珍贵文物为主；2. 彰显艺术史意识与价值；3. 凸显时代特征；4. 体现作者的个人风格；5. 兼顾各种表现题材，国画人物、山水、花鸟齐现，书法隶、行、草并美。

艺术殿堂上每一件笔精墨妙的书画作品都是每一时代杰出书画家们的精心力作，历久弥新，仰之弥珍。习近平总书记曾在文艺工作座谈会上引用《谏太宗十思疏》中"求木之长者，必固其根本；欲流之远者，必浚其泉源"，指出中华优秀传统文化是中华民族的精神命脉，是涵养社会主义核心价值观的重要源泉，也是我们在世界文化激荡中站稳脚跟的坚实根基。书画艺术是中华传统文化的精髓，它书写了中华儿女勤勉坚贞、浩然正气的民族精神，描绘了对真、善、美的践行与期盼。此篇敬缀数言，一方面回顾历史，在历史的记忆中寻求民族之魂；另一方面，祈以宏大深厚的传统为依据，探索艺术新路并发扬光大。让当代以及未来的兴怀者，有感于今世的春风浩荡与文化自信，有感于千百年来国人的智慧与探索，更有信心、有勇气、有动力奋勇向前。

（张宝英）

明 沈周 竹西幽居图轴

纸本 设色 立轴
纵 83 厘米 横 30 厘米
国家一级文物
福建博物院 藏

沈周（1427—1509），字启南，号石田，晚
号白石翁，长洲（今江苏苏州）人。

沈周博学多才，长于文学，亦工诗画，善画
山水、花卉、鸟兽、虫鱼，皆极神妙。常草
草点缀，即得意趣。亦常题诗词于画上，当
时人称他为"二绝先生"。画宗黄公望、吴镇，
自成一家笔法。工墨笔花鸟，和他的学生文
徵明并称为"吴派"两大家。又与文徵明、
唐寅、仇英称"明四家"。

此图作丘壑、松树、楼阁、竹林及溪岸蜿蜒
之景，笔墨浑厚坚实。图中丘壑旷达、松树
苍茂，气势雄健，与亭台楼阁幽居相映成趣。

题款：

陆机莫话东头竹，君子于今在竹西。斗酒有诗三百首，琅玕高处自留题。成化癸卯岁孟秋一日，因赵君中美求赠竹西柱史，姑苏沈周上。

钤印： 石田、香光亭（白文），启南（朱文）。

题跋：

1. 口口茅屋口山下，翠竹萧萧绕屋东。怪底清风长满座，故人诗话自无穷。岳。钤印：舜咨（朱文）。

2. 张君往日巡闽海，衣绣曾经览社湖。归到京华怀旧隐，向人惟揭竹西图。吴宽。钤印：口口（朱文）。

3. 万竹参差路不分，草堂风景隔尘氛。他年有约东邻卜，半为先生半此君。杨一清。钤印：应宁（朱文）。

4. 幽居占尽溪山胜，竹影如如翠欲留。口话不知归去晚，口阳江口屋头。敏政题。

5. 西台口口扬州客，家住竹林西更西。却口天涯旧时口，晚烟春雨草萋萋。东阳。钤印：宾之、直勤（朱文）。

明 吕纪 梅花天鹅图轴

绢本 设色 立轴
纵 240.3 厘米 横 151.3 厘米
国家一级文物
福建博物院 藏

吕纪（1477—？），字廷振，号乐愚，浙江宁波人，擅画花鸟、人物、山水，以花鸟著称于世。其画作传承院体风格，造型准确，设色鲜艳，工整精丽，亦有融工写一体的活泼生动之风。与边景昭、林良齐名。

此作尺幅巨大，为吕纪传世作品中罕见。作者继承了宋代柔媚华丽而又周密不苟的"院体"画风，以工笔重彩描绘了天鹅、八哥、蝴蝶等嬉戏于河边老梅树边的情景，画面绚丽精致。以粗笔写树干、顽石，杂以花草，颇具生气。工笔画一对天鹅，一只侧身曲颈回顾古梅，一只仰望天空中的八哥，鹅身洁白如玉，眼睛刻画有神，形象生动。古梅干枝苍劲，生机勃勃。

启功题跋：

宋格元风吕廷振，徐黄赵昌此心印。
观画踟蹰问主人，布席三朝应不吝。
吕廷振笔，无忝宋元名宿，其遗作
署款每遭挖改，以赝唐宋人作。此
幸残存，为可宝也。启功。

钤印：

启功私印（白文），元伯（朱文）。

徐邦达题跋：

吕廷振工丽之笔，名不在林良下，
于成、弘间，院中人无有能出其右
者，此图虽款记伤损，识者均信为
真迹，不疑也。庚午新秋，英公见视，
而题于左。徐邦达时年七十有九。

明 祝允明 草书诗轴

纸本 草书 立轴
纵 129.2 厘米 横 33.6 厘米
国家一级文物
福建博物院 藏

祝允明（1460—1527），字希哲、晞喆。因右手有六指，故自号支指生、枝指生、枝指山人、枝山、枝山居士、枝山樵人等。长洲（今江苏苏州）人。家学渊源，能诗文，工书法，其狂草尤受世人赞誉，传世墨宝颇多。与唐寅、文徵明、徐祯卿齐名，为"吴中四才子"之一。

此幅书轴是祝允明晚年的代表作品，其狂草用笔、结字、章法上皆有突破。用笔上：一是重在用"点"，无画不能点，无处没有点。二是大量使用侧锋，这一点亦是狂草之突破。结体上：字字不连，字间笔画多不接，故出现了散体结字。因是散体结字，故注重字与字之间之亲密联结，把一字或多个字作为一字来处理，使整体上形散而神聚，到处山花烂漫，一派生机。章法上：行列不明的满章法，计白当黑，乱石铺阶，相映其趣。

释文：
襄阳墨渖未曾干，十里潇湘五尺宽。樵径不禁苔露滑，渔蓑长带水云寒。澄澄僧眼连天碧，淡淡蛾眉隔雾蟠。恐为醉翁当日写，平山堂上雨中看。逃暑应能暂闭关，未消多托古贤攀。并抛杯酌方为懒，少事篇章恐碍闲，风堕一庭邻寺叶，云开半面隔城山。浮生只说闲居易，隐比求名事更艰。枝山。

钤印：允明、吴郡祝枝（朱文）。

鉴定题跋：
吴郡溯张颠，草圣同仙。（旭为饮中八仙之一也）金华词伯素师传。五百年来谁作者，仍指南天。吉水（解大绅）自翩翩，东海（张汝弼）齐肩。稍惊诡异势终偏。输与应天狂少府，横扫无前。浪淘沙，题枝山真迹，邦达。

钤印：徐邦达（白文）。

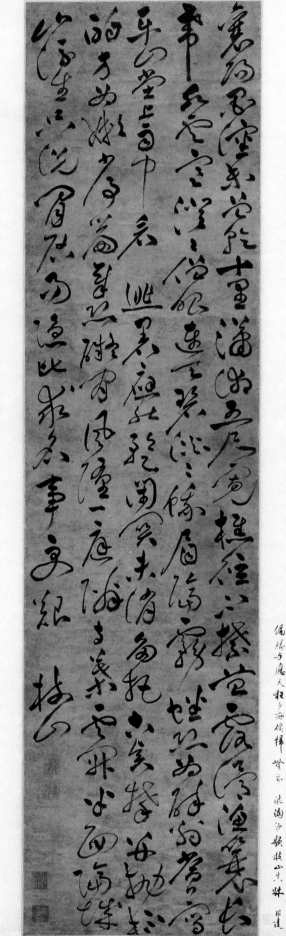

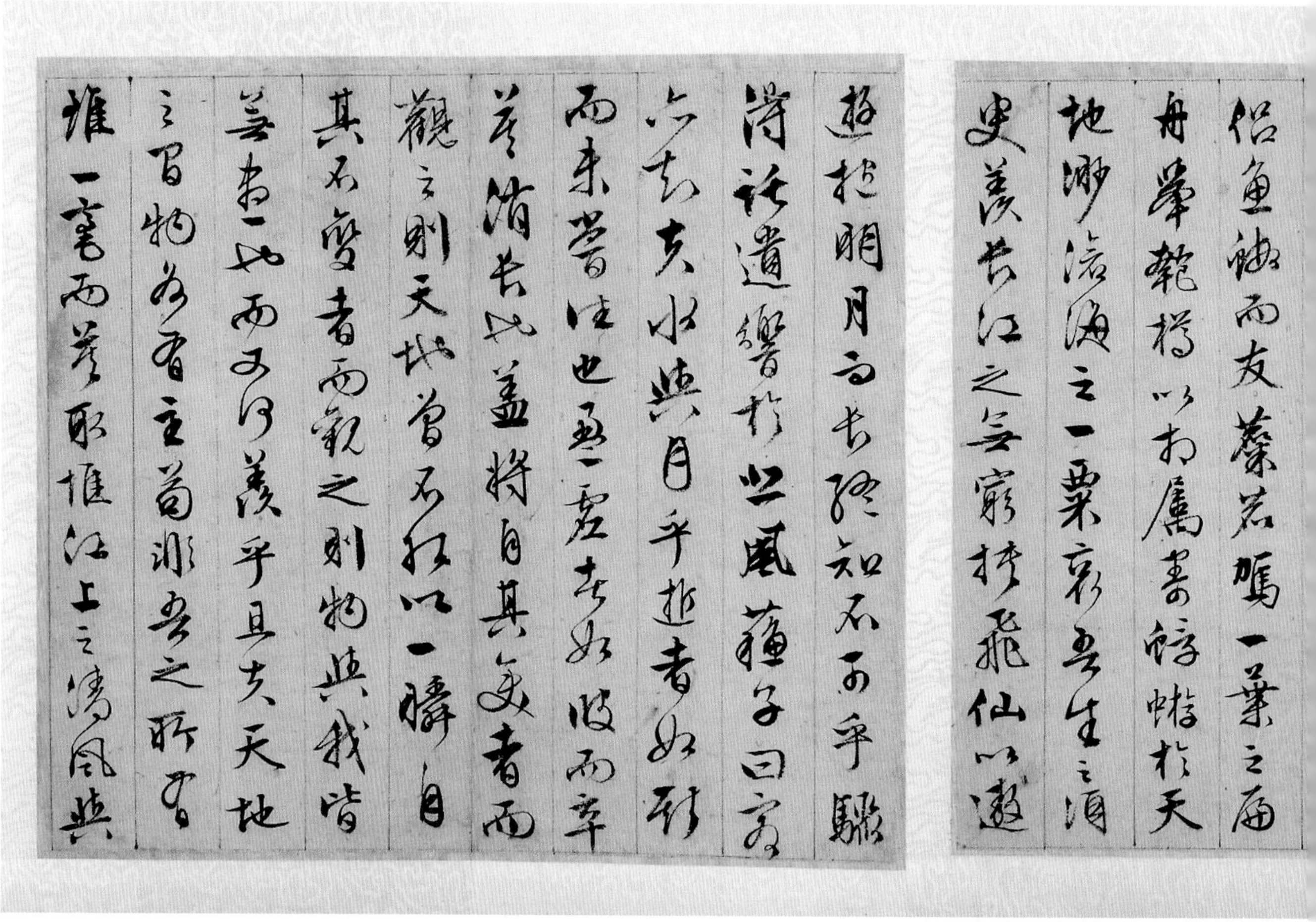

明 文徵明 行书《赤壁赋》册

纸本 行书 册页
纵 32.2 厘米 横 28.6 厘米 ×8
国家一级文物
福建博物院 藏

文徵明（1470—1559），名壁，字徵明，后以字行，改字徵仲，号衡山、衡山居士、停云生等。吴县（今苏州）人。授翰林待招，故称"文待招"。文徵明聪颖博学，以诗文书画名世。画学沈周，兼有李唐、吴仲圭、赵孟頫、黄公望笔法。画山水人物花卉均极佳。画风细致温雅，笔墨精锐，气韵神采，独步一时。书法丰采多姿，造诣很高。善刻印，清雅有神。其子女与门人颇为杰出，遂成画坛"吴门派"，又与沈周、唐寅、仇英并称"明四家"。

此行书册页录宋·苏轼《前后赤壁赋》全文。写于明嘉靖十一年（1532）十月。全篇起笔尖锋顺入，颇有俊健之美，行笔爽朗凝练，干净利落，斩截飞动；在结构上，字内间架结构疏朗宽绰。笔墨苍润，风格隽秀，富有温文儒雅之气。

更亥去余之祝择夢一道士羽
衣翩躚過临卒之六擇余兩言曰
西壑之遊樂乎問其姓名倏而
不啻鳴呼噫嘻我言石之笑臆昔
之夜飛鳴而過我者那子耶
蒼士顧咲余之聲悟呂戶视之
君見之矣

嘉靖壬辰十月望日書於
玉堂

沕明

《后赤壁赋》

是岁十月之望，步自雪堂，将归于临皋。二客从余过黄泥之坂。霜露既降，木叶尽脱。人影在地，仰见明月，顾而乐之，行歌相答。已而叹曰："有客无酒，有酒无肴，月白风清，如此良夜何？"客曰："今者薄暮，举网得鱼，巨口细鳞，状若松江之鲈。顾安所得酒乎？"归而谋诸妇。妇曰："我有斗酒，藏之久矣，以待子不时之需。"于是携酒与鱼，复游于赤壁之下。江流有声，断岸千尺；山高月小，水落石出。曾日月之几何，而江山不可复识矣！余乃摄衣而上，履巉岩，披蒙茸，踞虎豹，登虬龙，攀栖鹘之危巢，俯冯夷之幽宫。盖二客不能从焉。划然长啸，草木振动，山鸣谷应，风起水涌。余亦悄然而悲，肃然而恐，凛乎其不可留也。返而登舟，放乎中流，听其所止而休焉。时夜将半，四顾寂寥。适有孤鹤，横江东来。翅如车轮，玄裳缟衣，戛然长鸣，掠余舟而西也。

须臾客去，余亦就睡。梦一道士，羽衣翩跹，过临皋之下，揖余而言曰："赤壁之游乐乎？"问其姓名，俯而不答。"呜呼噫嘻！我知之矣。畴昔之夜，飞鸣而过我者，非子也耶？"道士顾笑，余亦惊悟。开户视之，不见其处。

落款：嘉靖壬辰十月望日书于玉兰堂，徵明。

钤印：文徵明印（白文）；衡山（朱文）。

引首章：知庐审定、张怡如收藏金石文字印（白文）。

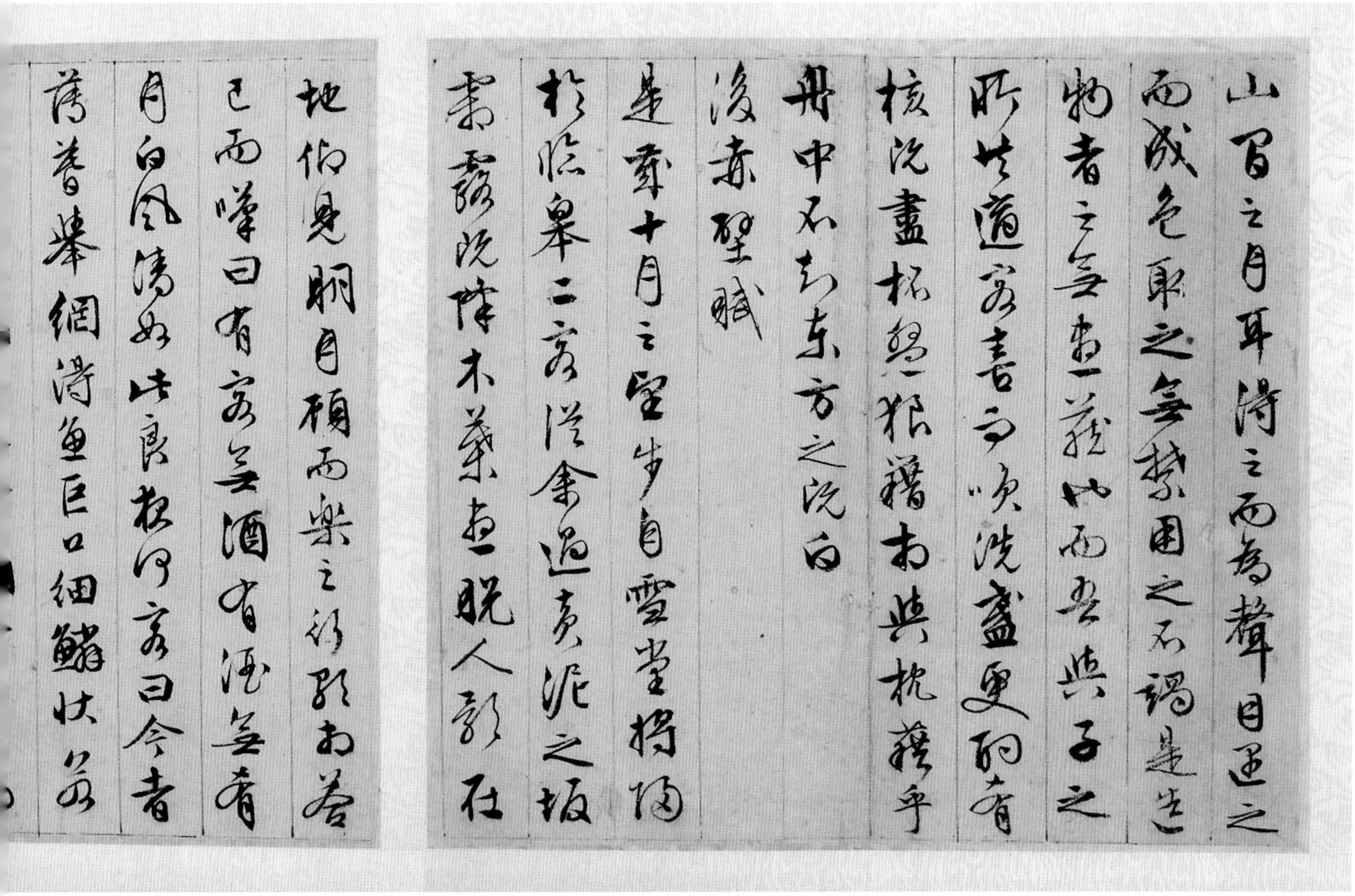

山高月小水落石出曾日月之幾何而

江山不可復識矣予乃攝衣而上履巉

巖披蒙茸踞虎豹登虬龍攀棲鶻之危

巢俯馮夷之幽宫盖二客不能從焉劃

然長嘯草木震動山鳴谷應風起水涌

予亦悄然而悲肅然而恐凜乎其不可

留也反而登舟放乎中流聴其所止而

休焉時夜將半四顧寂寥適有孤鶴横

江東来翅如車輪玄裳縞衣戛然長鳴

掠予舟而西也須臾客去予亦就睡夢

一道士羽衣翩僊過臨皋之下揖予而

言曰赤壁之遊樂乎問其姓名俛而不

答嗚呼噫嘻我知之矣疇昔之夜飛鳴

而過我者非子也耶道士顧笑予亦驚

寤開戸視之不見其處

后赤壁賦

壬戌十月之望步自雪堂將歸

於臨皐二客從予過黄泥之坂

霜露既降木葉盡脱人影在

地仰見明月顧而樂之行歌相荅

已而嘆曰有客無酒有酒無肴

月白風清如此良夜何客曰今者

薄暮舉網得魚巨口細鱗状如

明 董其昌 仿赵孟頫山水图轴

绢本 设色 立轴
纵 169 厘米 横 71 厘米
国家一级文物
福建博物院 藏

董其昌（1555—1636），字玄宰，号思白、香光居士，
华亭（今上海松江）人。明万历十七年（1589）进士，
授翰林院编修，官至南京礼部尚书，卒后谥文敏。
擅画山水，师法董源、巨然、黄公望、倪瓒，笔致
清秀中和，恬静疏旷；用墨明洁隽朗，温敦淡荡；
青绿设色古朴典雅。提出山水画"南北宗"论，为
"华亭画派"杰出代表，对明末清初画坛影响甚大。
书法出入晋唐，自成一格，有"颜骨赵姿"美称。

图中远峰近峦，浮云缭绕，松林溪岸，河塘村居，
错落有致，构图疏朗，小青绿色泽沉着，笔墨苍润
松秀，风格峻逸。笔墨看似不经意，却能达到淡而
有力、淡而有味的艺术效果。

题款：

颇学赵承旨《林塘晚归图》笔意，又录其诗："春阴柳絮不能飞，雨后蒲芽笋蕨肥。却恐鸣驺惊白鹭，自骑款段绕湖归。"其昌。

"池上篇"既为鸿雪堂主人书五丈生绡，意犹未尽，更写此图以赠，长卿大夫公，玄宰，戊辰中秋识。

钤印：宗伯学士、董氏玄宰（白文）。

收藏章：末起哉师古父、曾在朱屺瞻家（朱文）。

明 陈继儒 行书轴

绢本 行书 立轴
纵 74.8 厘米 横 26 厘米
国家一级文物
福建博物院 藏

陈继儒（1558—1939），字仲醇，号眉公，又号
麋公，华亭（今上海松江）人。陈继儒博通经史，
著述等身，精鉴赏，又善绘画，其书法出入米芾，
又兼及苏轼，由唐人上溯二王，得晋宋人风致。

此幅行书风雅古淡。其特点，一是用笔熟中见生。
陈继儒临池功底极深，对晋唐诸家及苏米等人的
用笔方法了然于胸。然而不是一味求精熟，而是
熟中有生，此作可见于笔锋转折顿挫处，有意避
熟就生，防止流滑。所以通篇既流畅自然，行云
流水，又富节奏感。二是结体欹侧多变。作者基
于深厚的基本功，驾轻就熟，一任自然，每字姿
态不同，大小间隔，正侧交替，顾盼映带，笔断
意连，风姿绰约。三是行气连贯，错落有致，独
具章法。对于书法的谋篇布局、空间疏密等的处
理彰显章法意识，落墨起便了然于胸。

释文：

酒清花绮雪多加，睡足春宵春梦赊。夜半微风打窗纸，
不知是雪是梅花。陈继儒。

钤印：麋公、肖叟（白文）。

收藏章：积翠园珍存（朱文）。

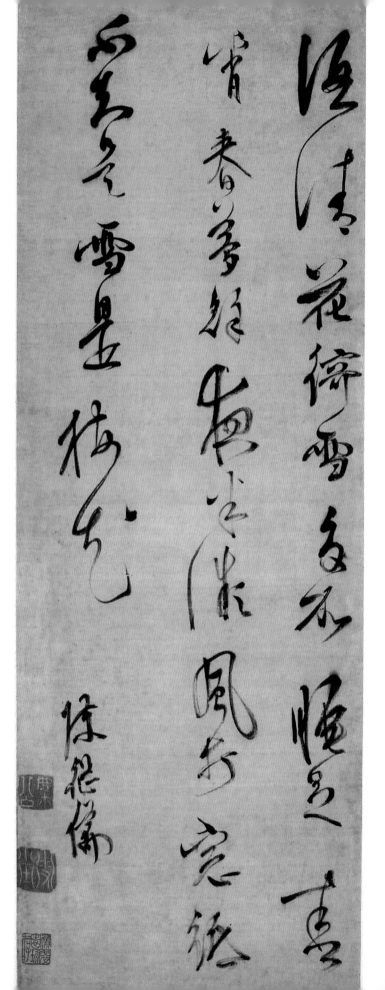

明 张瑞图 草书折扇

金笺 草书 扇面
纵 16.5 厘米 横 52 厘米
国家一级文物
福州市博物馆 藏

张瑞图（1570—1644），字长公、无画，号二水、果亭山人、芥子、白毫庵主道人等。福建晋江人。他以擅书名世，书法奇逸，峻峭劲利，笔势生动，奇姿横生，于"钟王"之外另辟蹊径，为明代四大书法家之一，与董其昌、邢侗、米万钟齐名，有"南张北董"之号。

释文：

南北峰相对，中蟠万石林，诸天飞彩翠，众壑异晴阴，竟日云霞拂，长风虎豹唅，此身飞鸟外，散落步虚音。

钤印： 瑞图（朱文）。

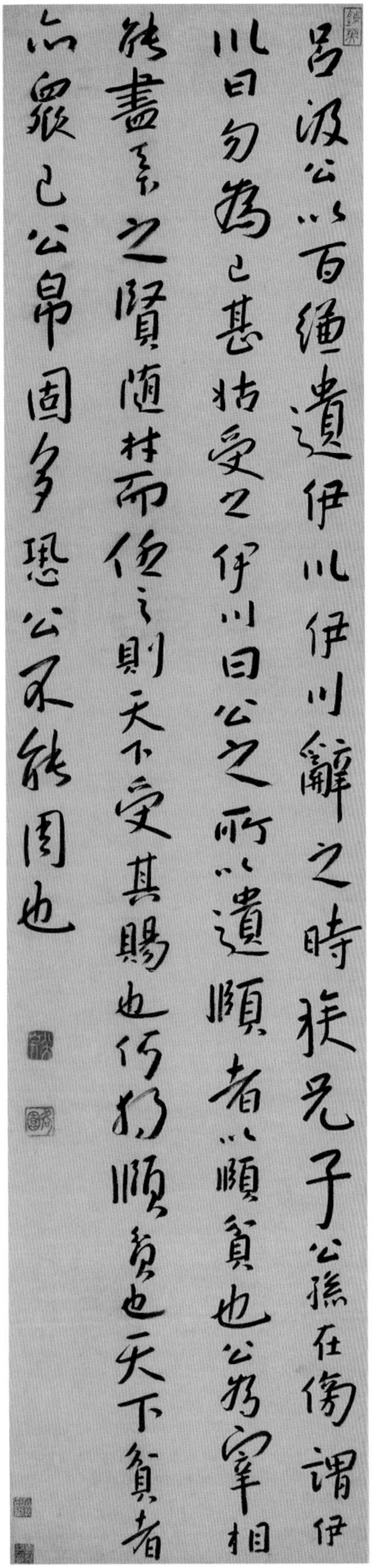

清 朱耷 行书轴

纸本 行书 立轴
纵 116.5 厘米 横 28 厘米
国家一级文物
福建博物院 藏

朱耷（1626—1705），字雪个，号八大山人，一生所用别号甚多，有刃庵、个山、个屋、驴屋、破云樵者等，江西南昌人。原明朝宗室，宁王朱权后裔。明亡，落发为僧，以明朝遗民自居，不与清廷合作。清初"四僧"之一。工书，善画山水、花鸟、竹木。其作以象征手法抒写心意，画鱼、鸭、鸟等皆以白眼向天，倔强不屈。笔墨放任恣纵，苍劲圆秀，清逸横生。每幅皆浑朴酣畅、明朗秀健，见风骨、畅风神。章法结构不落俗套，独具一格，对后世影响极大。

朱耷的书法与其绘画一样，不仅具有鲜明的个性特征，而且达到很高的艺术水准。此件书法作品是他典型的、成熟的风格特征：点划少顿折，多减省，将绘画的意象变化融入书法中，遂出新意于法度，笔致简洁、圆熟灵动，有静穆之趣，得疏旷之韵。

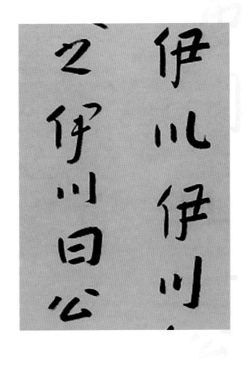

释文：

吕汲公以百缣遗伊川，伊川辞之。时族兄子公孙在傍，谓伊川曰："勿为己甚，姑受之。伊川曰：公之所以遗颐者，以颐贫也。公为宰相，能尽天下之贤，随材而任之，则天下受其赐也，何独颐贫也？天下贫者亦众，己公帛固多，恐公不能周也。"

钤印： 八大山人（白文），何园（朱文）。

收藏章： 陈英（朱文）。

清 石涛 山水图十二屏

纸本 设色 立轴

纵 168.5 厘米 横 48.4 厘米 ×12

福建博物院 藏

该图屏为石涛早年作品，是其早年创作留存至今最多和最完整的稀世珍品。图中或细笔勾画，粗浅描绘；或淡墨渲染，设色点缀，表现了自然山水之秀伟气势及一年四时之氤氲变幻，表达了作者"师自然"的艺术主张。

题款：松雪意为冠翁老先生太史。粤山济。

末屏落款：辛亥春仲。

钤印：石涛（朱文），随笔去（白文）。

徐邦达题跋：

水晶宫里人如玉，笔底松云世有双；出处无心自一洒，龙吟细细听闲窗。老涛早笔，乃师松雪，岂有芳草王孙之思耶？辄书一绝句于右。庚申春，邦达。

钤印：徐邦达印（白文）。

三十华年大涤哀，萧疏淡墨见蒿莱，骑驴得得知谁子，何似放翁游蜀来。此清湘早岁真笔，时已出游敬亭等处，得交渊公，故其画略似之，徐邦达题。

钤印：徐邦达印（白文）。

收藏章：冠英、陈英、积翠园主（白文）。

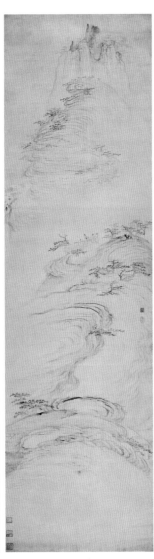

十二屏之六

钤印：前有龙吟（朱文）。

收藏章：

冠英、岚英心赏、陈英、积翠园主（白文），
积翠园珍存（朱文）。

十二屏之七

钤印：济山僧（白文），前有龙吟（朱文）。

收藏章：

冠英、岚英心赏、陈英、积翠园主（白文），积翠园
珍存（朱文）。

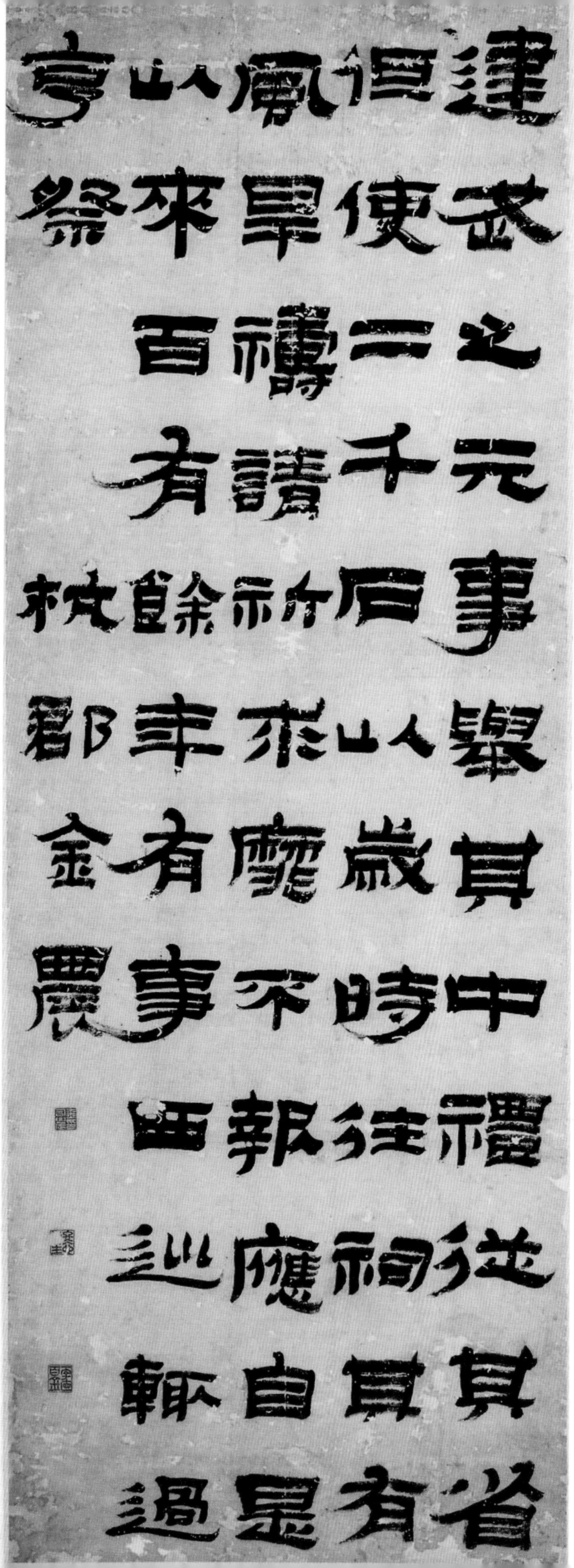
建武之元事舉其中禮從其省
但使二千石以歲時往祠其有
風旱禱請祈求靡不報應自是
以來百有餘年有事西巡輒過
亭祭
杭郡金農

清 华嵒 西园雅集图轴

纸本 设色 立轴
纵 196.5 厘米 横 134.5 厘米
国家一级文物
福建博物院 藏

华嵒（1682—1756），字秋岳，一字空尘，号新罗山人，又号白沙道人、离垢居士、东园生、布衣生。福建上杭人，流寓扬州。工诗善画、山水、花鸟、人物皆精，尤以人物见长，随意点染，无不佳妙。为扬州画派代表画家之一。

此图墨笔淡设色，以工带写，绘山涧苍松，翠竹掩映，十三位高士或赏阅谈论、或抚琴对坐、或观览涧流。该图山水、人物、树草齐全，场面盛大，故事内容丰富，笔墨娴熟，雅集之乐跃然纸上。

题款：戊辰夏，新罗山人写于解弢馆。

钤印：华嵒、秋岳（白文）。

徐邦达题跋：
新罗山人人物初师王树谷鹿公。鹿公则从老莲门径中得来，故新罗人物画亦称悔迟之裔也。此图作于乾隆十三年戊辰，年已六十有七，笔致苍劲，韵度洒落，自具一家面貌，出鹿公之上矣。英公见视属题。庚午二月，徐邦达同寓京华。时年七十有九。

钤印：孚尹（朱文），徐邦达印（白文）。

启功题跋：
解弢妙笔风格殊，松阴竹畔群贤居。世间何处有此境，如读西园雅集图。新罗师承我不知，只见兴怀放笔时。挂角羚羊空四际，沧浪意境阮亭诗。两首诗余尚空白，尘点珍图冷金额。山人有知呵斥加，异代钦承是奇获。一九九零年秋日走笔补白，可谓佛头著粪。启功。

钤印：庚午、元白（朱文），启功之印（白文）。

收藏章：积翠园主杨金诺之印、积翠园珍存（朱文）。
　　　　　岚英心赏、春满积翠园（白文）。

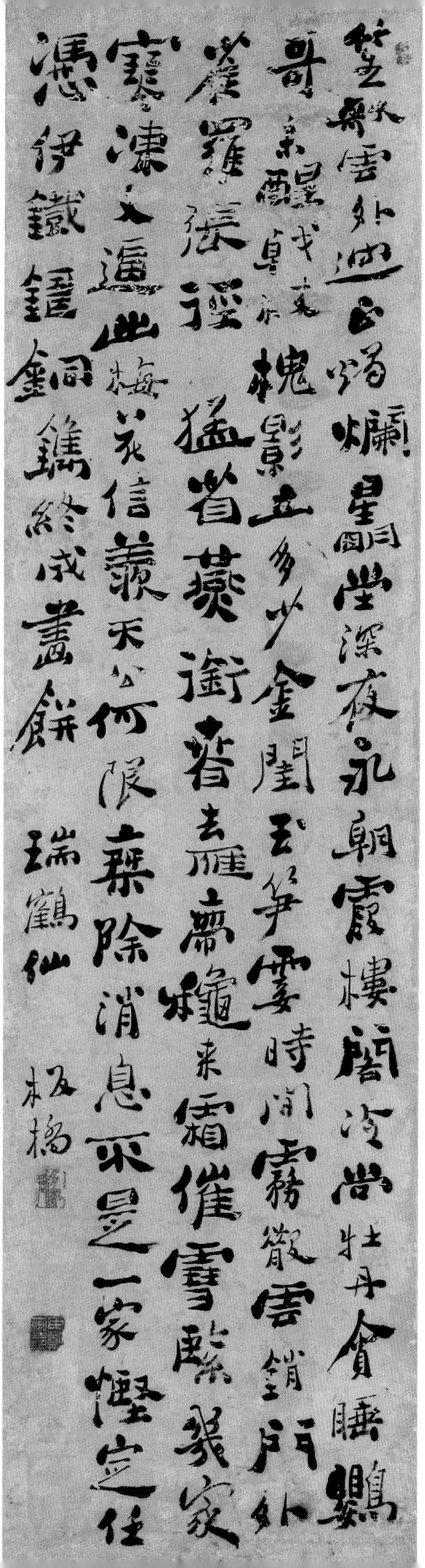

鵞鵡云外迎皂�爛星斗學深夜永朝霞樓閣冷尚牡丹食睡鵝

哥來醒戰卓槐影立多少金閨玉爭雲時開霧散雲鎖門前

崔羅褪禋猛省蒙衡眷去雁窟還来霜催雪臨琴裘家

窨凍又遍此梅花信蒿天公何限蔡除消息来旻一家惺定佳

憑伊鐵鎧銅鑄終成畫鈰

瑞鶴仙

林樹

清 郑燮 隶书轴

纸本 隶书 立轴
纵 189 厘米 横 52 厘米
国家一级文物
福建博物院 藏

郑燮（1693—1765），字克柔，号板桥。江苏兴化人。
家清贫，曾以教私塾和卖画谋生。四十岁中举，后中进士，
官仅县令。清正廉明，有政声，又因得罪权贵而罢官。其
诗、书、画"三绝"。诗文关乎现实，关心民瘼，立意高远，
通俗易懂；书法融合楷隶，掺和行草，形成独特"六分半
书"，人称"板桥体"；画以兰、竹、石为主，气韵生动，
形神兼备。其善将诗书画印有机融汇，画幅整体艺术效果
极佳。为"扬州八怪"代表人物。

其隶书参以行楷，非隶非楷，非古非今。在结构上将字的
长短、方圆、大小、肥瘦、疏密进行错落有致地穿插，极
其富有节奏感，充满新意。在章法上则是纵有行而横无列，
且字与字、行与行之间形成一种疏密错落、揖让相谐的"乱
石铺街"之状。

释文：

笙歌云外迥，正烛烂星明，堂深夜永。朝霞楼阁冷，尚牡丹贪睡，
鹦哥未醒。戴枝槐影，立多少金闺玉笋。霎时间雾散云销，
门外雀罗张径。猛省，燕衔春去，雁带秋来，霜催雪紧。几
家寒冻，又递出，梅花信。羡天公何限乘除消息，不是一家
悭定。任凭伊铁铸铜镌，终成画饼。《瑞鹤仙》。板桥。

钤印：然黎阁（朱文），臣郑燮印（白文）。

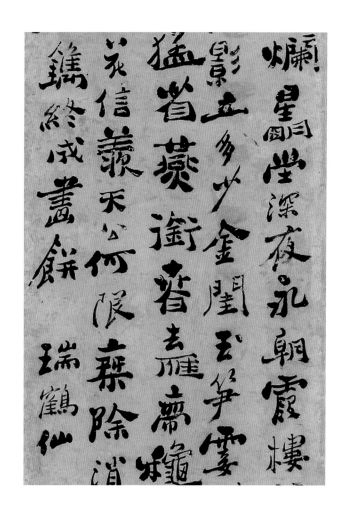

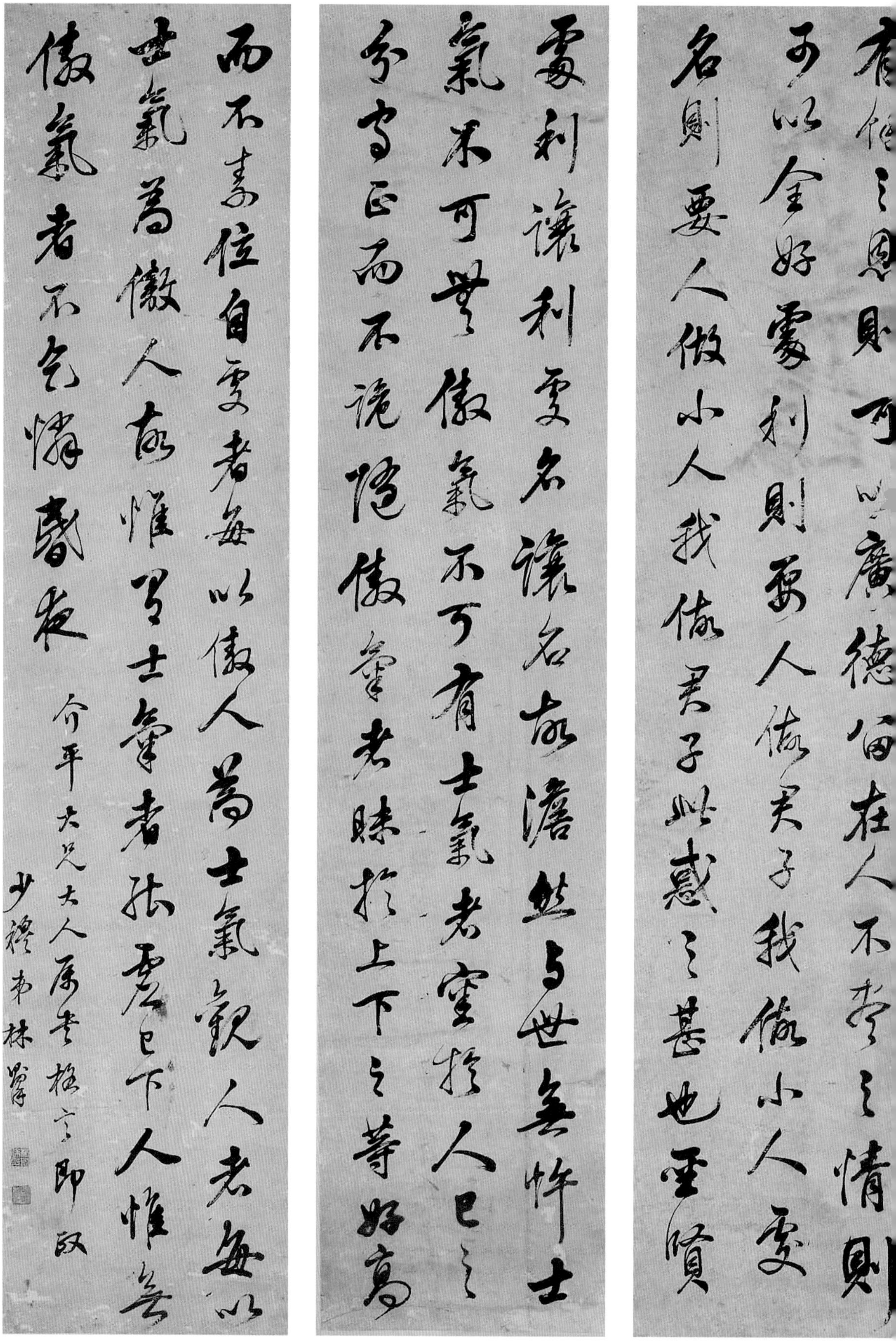

有德之人則可以廣德宜在人不孝之情則
可以全好爭利則要人偏君子我偏小人要
名則要人做小人我偏君子以感之甚也重賢

爭利讓利要名讓名故澹然與世無忤士
氣不可無傲氣不可有士氣者寄寄於人已之
分宜正而不詭隱傲氣者睒於上下之等好高

而不事位自雪者每以傲人為士氣觀人者每以
世氣為傲人然惟豪士筆者孤雲巴下人惟等
傲氣者不言情春表　今平大尺大人屏書梅立即政
少德南林覺

清 林则徐 行书四条屏

纸本 行书 立轴
纵 176 厘米 横 39 厘米
国家一级文物
福建博物院 藏

林则徐(1785—1850),清代爱国政治家、思想家、诗人。字元抚,
又字少穆,晚号俟村老人。福建侯官(今福建福州)人。史学界
称他为近代中国"开眼看世界的第一人"。

林则徐书法六体皆善,楷书融颜、柳、欧精髓。行书博采宋四家
之长,自成一体。字体端庄大方,险绝中又不失平稳,笔法秀而
不滞、挺而不俗,结构灵动,章法得体。金安清的《林文忠公传》
称:"林则徐的书法出入欧、董,尤长小楷,为世所重。"程恩
泽称之"君昔解褐衣,书名倾一时,书自柳、颜入,自将堂堂旗"。

释文:
君子处事,前面常长出一分,此谓之豫;后面常余出一分,此谓之裕。
如是故无所不济,若尽煞分数做去,必有后悔。处人亦然,施在我有
余之恩,则可以广德;留在人不尽之情,则可以全好。处利则要人做
君子,我做小人;处名则要人做小人,我做君子,此惑之甚也。圣贤
处利让利,处名让名,故澹然,与世无忤。士气不可无,傲气不可有。
士气者,审于人己之分,守正而不诡随;傲气者,昧于上下之等,好
高而不素位。自处者,每以傲人为士气;观人者,每以士气为傲人,
故惟有士气者,能虚己下人,惟无傲气者,不乞怜昏夜。介平大兄大
人属书格言,即政。少穆弟林则徐。

钤印:林则徐印(白文)、读书东观视草西台(朱文)。

近现代 郭梁 麻姑献寿图

纸本 设色 立轴
纵 135 厘米 横 67 厘米
国家三级文物
福安市博物馆 藏

郭梁（1894—1936），字剑狂，号燕园，福建福安人。
郭梁以画花草人物著称，尤工古代仕女。他的画初学黄慎，
继则追摹宋、元、明诸大家，兼吸取西洋画法中明暗透视
等技巧，增强人物的真实感和立体感，卓然自成一家。他
的人物画古朴端庄，形象生动；花鸟画落笔精致，设色雅
丽。

麻姑，又称寿仙娘娘、虚济冲应真人，是民间信仰的女神，
属于道教人物。麻姑自言"已见东海三次变桑田"，古人
视其为长寿的象征，其地位与寿星相仿。"麻姑献寿"为
中国传统绘画的常见题材。仙人"麻姑"最早见于东晋葛
洪所著的《神仙传》。此图用写意笔法绘麻姑古朴静穆、
仪态端庄，背倚梅花鹿，手托灵芝美酒，为西王母祝寿。
图中淡雅设色、流畅线条更加衬托人物形象的清新曼妙。

落款：剑狂郭梁。

钤印：梁印。

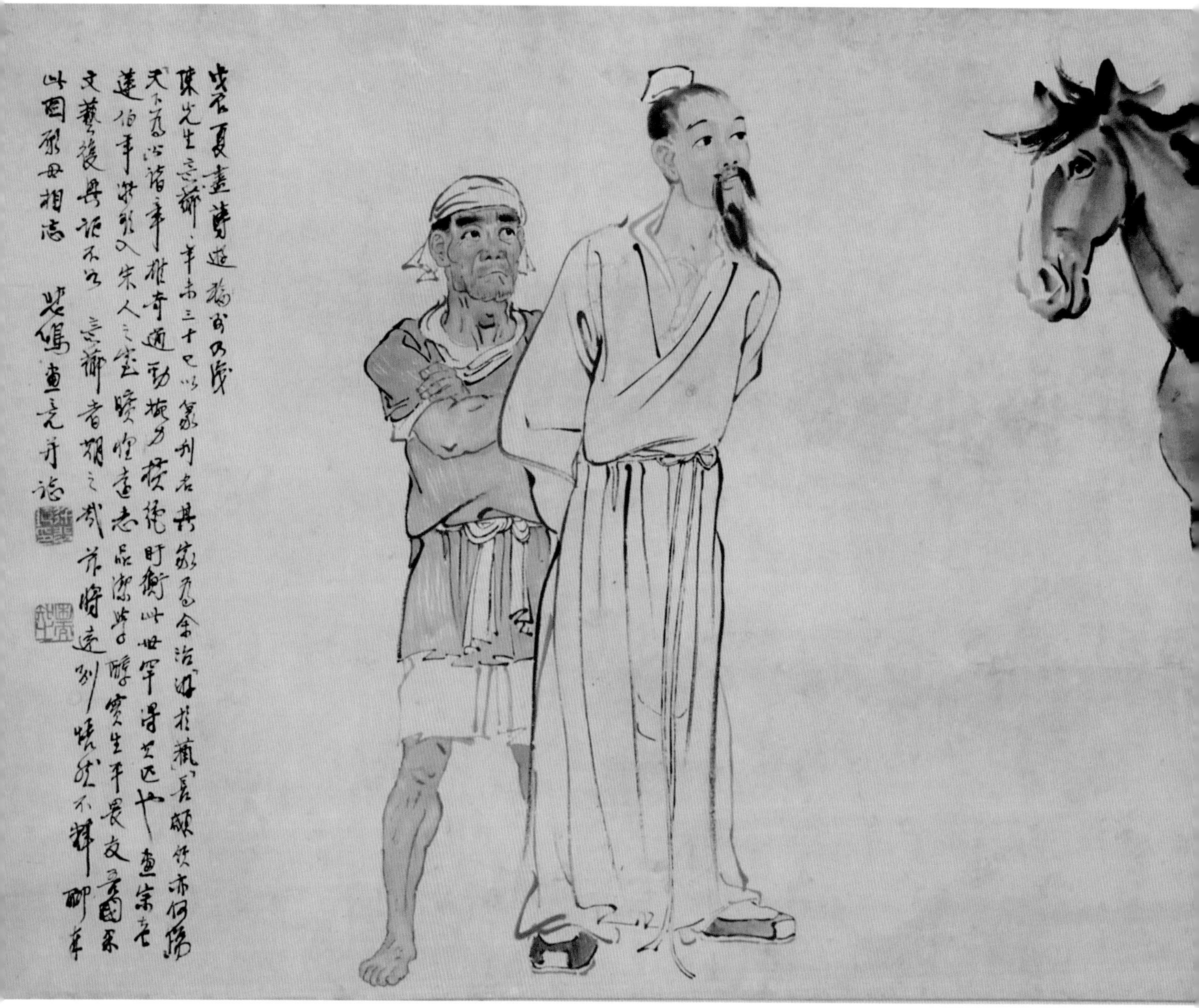

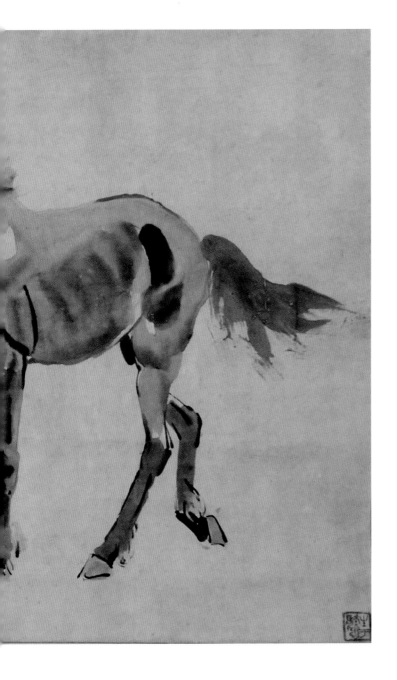

现代 徐悲鸿 伯乐相马图横披

纸本 设色 横披
纵 69 厘米 横 138 厘米
国家一级文物
福州市博物馆 藏

徐悲鸿(1895—1953），原名徐寿康，江苏宜兴人，中国现代画家、美术教育家。曾留学法国学西画，归国后长期从事美术教育，先后任教于国立中央大学艺术系、北平大学艺术学院和北平艺专。1949 年后任中央美术学院院长。擅长人物、走兽、花鸟，与张书旗、柳子谷三人被称为画坛的"金陵三杰"。所作国画墨彩浑成，尤以奔马享名于世。

此图画面墨色简洁，用笔大胆。画中伯乐身着对襟长衣，面朝骏马背手而立，身微前倾，目光专注；其身后的马夫，双手抱肘，神情几分不屑几分疑虑。画中用饱酣奔放的墨色绘就，骏马肌肉劲健，马腿健硕有力，鬃、尾迎风而动。画面人物画的双勾流畅线条与骏马的写意没骨形成线与面的对比，人物的眼神与马的动态形成呼应。整体极具传神，栩栩如生。

题款：

戊辰（1928）夏尽，薄游福州。乃识陈先生意芗，年未三十，已以篆刊名其家，为余治"游于艺""长须颔亦何伤""天下为公"诸章。雄奇遒劲，挽力横绝。盱衡此世，罕得其匹也。画宗老莲、伯年，渐欲入宋人之室，旷怀远志，品洁学醇，实生平畏友，吾国果文艺复兴，讵不如意芗者，期之哉！兹将远别，怅然不释，聊奉此图，愿毋相忘。悲鸿画竟并志。"

钤印： 徐悲鸿印（白文），困而知之、生于忧患（朱文）。

永嘉山中多瀑布
野礀春雲都含清
與蘇圖其意
碧若初先生
鑑正 甲申冬日 賓虹

现代 黄宾虹 墨色山水图轴

纸本 墨色 立轴
纵 71.0 厘米 横 31.7 厘米
国家一级文物
漳州市博物馆 藏

黄宾虹 (1865—1955)，初名懋质，后改名质，字朴存，
号宾虹，别署予向、虹叟。原籍安徽歙县，生于浙江金华。
黄宾虹学养渊博，著述宏富，擅山水与鉴定。兼综并蓄，
旁收博采，尽窥古人之深心。平生又喜游历，足迹遍及名
山大川，实地写生，积稿盈万。故其画融汇古今，穷极变化，
自成浑厚华滋之独特面貌。用笔融入篆籀之意，凝重高古，
刚健婀娜；又精墨法，好用破墨、积墨、宿墨；其章法杂
而不乱，繁而不闷，疏而不空，尤善以"黑、密、厚、重"
之繁笔抒写山川浑然之墨趣。间作花鸟虫鱼，妍雅清逸。

该山水画作纯墨笔写意绘就，笔墨清妍秀润，意趣生动；
构思平中见奇，繁而不乱。这是画家晚年成熟的典型山水
画特征，尽显"峰峦浑厚，草木华滋"的艺术风格。此图
系赠予著名油画艺术家、美术教育家，漳州平和的周碧初
先生。

题款：
永嘉山中多瀑布，野磴春云郊居清，兴兹图其意。碧初先生
鉴正。甲申冬日宾虹。

钤印：黄宾虹（白文），宾虹八十以后作（朱文）。

现代 李耕 十八学士图屏

纸本 设色 通屏
纵 117 厘米 横 35 厘米 × 4
国家二级文物
福建省仙游县博物馆 藏

李耕（1885—1964），字砚农，号一琴道人、大帽山人，堂号菜根精舍，福建仙游人。擅长人物，尤精仙佛、高士等古典人物，兼涉山水、花鸟。他作画笔法超脱老练，形、神、韵三者兼备，独树一帜，享誉海内外。其画古劲峭拔、挥洒自如，素有"南李北齐"之称。

画家通过明丽的色彩，将形态各异的人物与自然的山水树石结合在一起，造景的同时造境。通过强烈对比的冷暖色调，描绘十八学士在政事之余流连山水之间，放松自然地对弈、赏画、抚琴、阅读等，把观棋不语、听琴入境、博览古今的文人形象表现得栩栩如生。精细刻画了亭台楼阁、小径迂回，云气缭绕，恍若蓬莱。

题款：

宏文朱履杖于朝，拱把阎家粉本描。图象麒麟原有例，驾鳌人士岂无聊。南风古调斯氏愠，东壁新诗翰墨饶。天下太平无个可，一枰棋局好逍遥。仙游李耕绘。时丙戌冬日。

钤印：李耕、砚农（朱文），一琴道人（白文）。

现当代 宋省予 清晨策杖图 立轴

纸本 设色 立轴
纵 226 厘米 横 76 厘米
龙岩市上杭县博物馆 藏

宋省予（1909—1966），原名连庆，字廉抑，号红杏主人，福建上杭人。其绘画早年专攻任派（伯年）写意花鸟，后在广东结识张大千、高剑父、关山月等著名画家，从中吸取岭南派之精华。他取精用宏，博采众长，在深入继承民族绘画艺术传统的基础上，学古而不泥古，结合自己的创作实践，以及诗文、书法、金石等诸方面素养，形成劲健、潇洒的画风。除精于花鸟外，在山水、人物、走兽等画作上成就亦高，草书、篆刻更有独到功夫。

宋省予擅花鸟，生动传神，其山水画反而成为稀缺。此幅画作绘山石高耸嶙峋，苍松辉映，云雾缭绕，旭日初升。山涧浅坡处一点景老者策杖，向日而行。画面勾线填彩，浅绛设色，清新秀丽，雅俗共赏。

题款：

旭日初升，苍松争吼，于是策杖云谷，振衣兰崖，其为绚烂，宁减执圭佩剑，登陛墀耶。一九五七年丁酉大雪。杭川宋省予。

钤印： 鄞江省予画印（白文），宋廉卿印（朱文）。

现当代 李可染 牧牛图轴

纸本 设色 立轴
纵 69.0 厘米 横 46.5 厘米
国家一级文物
漳州市博物馆 藏

李可染（1907—1989），原名李永顺，
江苏徐州人。历任中央美术学院教授、
中国美术家协会副主席、中国画研究院
院长等职。李可染积极从事传统中国画
的变革，既取法前代范宽、李唐、龚贤
及黄宾虹等大师，又吸收西方绘画技法，
注重写生。他认为山水画创作是"为祖
国河山立传"，多年来行程十数万里，
走遍大江南北，饱游饫看，深入探求自
然山川之奥妙。其山水画浑厚凝重，深
沉茂密，具有鲜明的时代感和独创性。

李可染擅画山水、人物，尤擅画牛，画
室名师牛堂。牧童与牛这一题材是李可
染"人到中年"后很重要的感情寄托，
其写意牧童与水牛亲和无间，形象生动，
憨态可掬。画面上方积墨点画浓密枝叶，
构图空灵，笔墨简劲，富于生活情趣。

题款：福文学兄指正。李可染。

钤印：可染（朱文）。

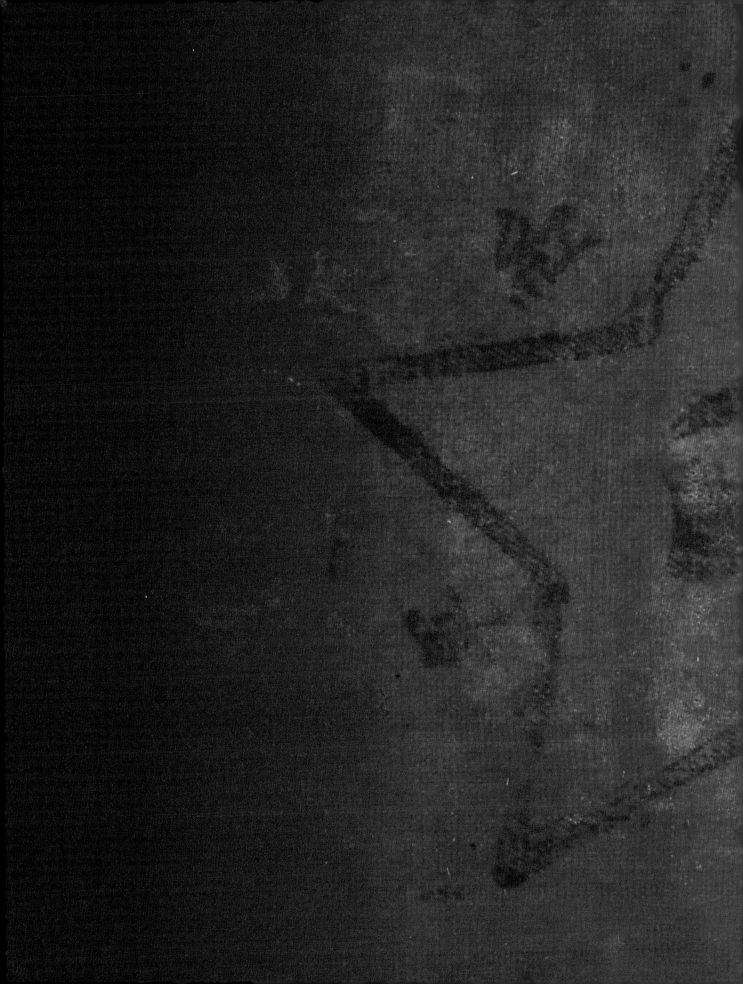

红色风华

革命文物篇

红色风华

革命文物篇

革命文物作为文物大类的一个种类，是最具中国特色的文物语言，是最好红色风华的实物记忆，它承载党和人民英勇奋斗的光荣历史，记载中国革命的伟大历程和感人事迹，是党和国家的宝贵财富，是弘扬革命传统和革命文化、加强社会主义精神文明建设、激发爱国热情、振奋民族精神的生动教材。

俄国十月革命的一声炮响，给中国送来了马克思列宁主义。中国先进知识分子从马克思列宁主义的科学真理中看到了解决中国问题的出路，中国从此走向了革命、建设和发展、复兴的艰辛而光辉的道路。在漫长而艰辛的革命战争年代，中国共产党领导全国各族人民进行了伟大的革命斗争，创造了以中国化的马克思主义为核心的先进文化——红色文化。红色文化的重要载体和主要体现是革命文物，包括各类与革命运动、重大历史事件或者英烈人物有关的，具有重要纪念意义、教育意义或者史料价值的建筑物、遗址、纪念物、文件、书信、文献资料、图书资料、图片、照片、影像资料、录音资料等。

福建是名闻全国的革命老区，是中央苏区的重要组成部分。1917年俄国十月革命给中国送来的马克思列宁主义先进思想也传入到了万山重复的八闽大地，五四运动的号角更是震荡了福建社会的方方面面，新文化运动在福建悄然兴起，打破了封建主义对福建人民的禁锢，许多青年知识分热情接受了崭新的思想，积极争取赴法勤工俭学，纷纷组织社团，出版报纸刊物，创办平民学校，广泛传播新文化和马克思主义，为中国共产党福建地方组织的建立奠定了思想和组织基础。例如，1921年，邓子恢、陈明等人在龙岩成立了奇山书社，并于1923年创办了《岩声》报；1922年，陈任民、方尔灏等人在福州创办了《冲决》周刊；1924年，集美学校龙岩籍学生杨世宁、谢景德、李联星等人创办了《新龙岩季刊》《到民间去》，集美学校和厦门大学的进步学生李觉民、罗明、罗扬才、刘端生等人创办

了《星火周报》，一批先进知识分子就是在这样的时代背景下的先进思想引领下走上革命道路。

1926年2月，中共厦门大学支部成立了，这是厦门地区成立的第一个中共支部，也是福建省最早成立的中共组织。当年夏天，福建的第一个中国共产党农村支部在永定湖雷宣告成立。在中国共产党的领导下，福建工农革命运动轰轰烈烈地开展起来。特别是在八七会议精神的指引下，龙岩县后田、平和县长乐、上杭县蛟洋、永定县及崇安县上梅等地区先后爆发了5次较大规模的农民武装起义，建立了人民的革命武装，创建了农村革命根据地，众多农民分得了土地，实现了千百年来"耕者有其田"的梦想。

1929年春，朱德、毛泽东、陈毅率领红四军由井冈山向赣南、闽西进军，开始了创建中央革命根据地的伟大历程。在长汀城，红四军发布了一系列布告告示，广泛宣传革命意义，号召"革命者来"；红四军创办了我军历史上的第一份军报——《浪花》；红四军第一次统一了军装，让革命军队军容更加焕发。

红四军与中共福建地方组织在共同开辟了闽西革命根据地、创建中央革命根据地过程中，以及后来在相继建立闽北、闽东、闽中和闽南革命根据地过程中，进行了卓有成效的军事、政权、经济、文化和社会等众多方面建设探索与初践，为全国苏区建设树立了光辉的榜样，彪炳中国革命光辉史册。

1929年12月，古田会议在福建上杭古田召开，制定了建党和建军的纲领性文献《古田会议决议》；1930年1月，毛泽东在上杭古田赖坊写下《星星之火 可以燎原》，提出了"农村包围城市，武装夺取政权"的中国革命道路理论；1930年3月，闽西第一次工农兵代表大会制定并通过了六部法案、十项条例，这是中国共产党创建苏区中最早制定的较完备的法律，为中央苏区乃至新中国的法律体系建设奠定了基础；1933年11月，毛泽东来到才溪乡进行调查研究，写下了著名的《才溪乡调查》，隆重宣介了中央苏区的模范乡——上杭县才溪乡的先进经验。

1930 年春，闽西苏维埃政府成立闽西画报社，出版《画报》，这是目前所知中央苏区创办最早的一份画报。1931 年春，中央苏区最早的红色出版发行机构——闽西列宁书局在长汀水东街设立。闽西列宁书局的诞生，为后来中华苏维埃共和国临时中央政府创建中央出版局、中央印刷厂、中央发行部以及工农红军书局等，积累了宝贵的经验。在党的政策宣传引领下，广大人民群众踊跃参加闹革命、积极支前搞建设，呈现一派繁荣兴旺的景象。如以闽西为中心的福建苏区经济建设就如同一幅幅绚丽多彩的历史画卷，被誉为"红色小上海"的汀州农业、工业、商贸和合作社繁荣兴盛，几为"苏区之冠"。上杭县才溪乡建立的十八乡消费合作社，是中央苏区最早创办的合作社。1930 年春，上杭县才溪乡群众创办中央苏区的第一个耕田队，互助调剂劳动力，促进农业生产。宁化县是中央苏区的重要粮食生产基地，累计消灭荒田 2 万多亩，享有中央苏区"乌克兰"的美誉。1930 年 11 月 7 日，在龙岩成立了以闽西苏维埃政府为主导，由广大工农大众参与的中央苏区第一个股份制银行——闽西工农银行。1932 年 4 月，中华苏维埃共和国国家银行福建分行在长汀成立。福建成为中国红色金融的发祥地和红色财政的创新地，打破敌人对苏区的经济封锁，为发展生产，振兴经济，支持军事斗争，巩固革命政权等作出了巨大贡献，也为新中国财政、金融事业的建立奠定了基础，并培养了一批优秀的经济建设骨干。

1934 年 10 月，第五次反"围剿"失败，主力红军被迫长征，留在福建的红军和游击队在党的领导下，在人民群众的支持下，在闽赣边、闽西、闽东、闽粤边、闽北、闽中等地区，展开了艰苦卓绝的三年游击战争，瞿秋白、何叔衡、万永诚、毛泽覃等无数先烈英勇牺牲，但是，广大党员干部、红军战士和人民群众坚定理想信念，战胜了一切艰难险阻，不仅有力地钳制国民党的军事力量，配合红军主力长征，而且最终取得游击战争的胜利，保存了革命种子，游击根据地后来成为中国人民抗日战争在南方的战略支点。

抗日战争爆发后，抗日民族统一战线在福建形成，进一步促进了抗日救亡运动在福建的深入展开，党的各级组织因势利导，组织各界救亡团体，特别是以青年为主体组成的抗宣队、救亡队、歌咏团、演讲团，成为抗日救亡运动的生力军。抗战文化宣传活动场面宏大，盛况空前，先后出版的综合性抗日期刊就多 200 多种，左翼作家郁达夫、杨骚、董秋芳等来到福建，以笔为器，积极投身抗日救亡运动。

1938 年初，按照中共中央关于南方各地游击队整编原则的指示，坚守在福建各地的红军游击队 5000 多人，整编为新四军，占当时新四军总数近一半，是新四军初创时期有生力量的主要来源地，新四军在抗日战场上建立了赫赫战功。

抗战胜利后，中共福建地方组织一方面发动群众反对内战、独裁，争取和平民主，同时开展统战策反，一方面继续分散隐蔽发展，武装自卫，等待时机。1949 年，在中共福建地方组织和游击武装的支援、策应和配合下，中国人民解放军开始解放福建。1949 年 5 月，傅柏翠、李汉冲、练惕生等人率部举行闽西起义。从 1949 年 5 月到 1950 年 5 月 12 日东山岛解放，至此，除金门、马祖等岛屿外，福建全省均告解放。

在长期革命斗争中，福建人民为中国革命的胜利和新中国建立付出了巨大牺牲，作出了重大贡献，赢得了"二十年红旗不倒"的光荣赞誉。据不完全统计，福建有 10 多万人参加红军和游击队，中央主力红军 8.6 万人长征队伍中就有近 3 万福建子弟；有 8000 多人参加八路军和新四军；有 2000 多个革命基点村一直坚持斗争到解放，有 14.6 万人口的地区在长期斗争中一直保留着 20 多万亩土地革命的胜利果实；已查明的在册革命烈士 5 万多人。

习近平同志曾在 2014 年 10 月古田全军政治工作会议期间深刻指出，"整个福建都是老区，闽西和江西赣州的一部分是中央苏区"，"老区人民为中国革命胜利作出了重要贡献，党和人民永远不会忘记。"作为光荣的革命老区和中央苏区，福建积淀了底蕴深厚的红色文化，留下了丰富多样的革命文物。这一件件文物历历在目，完整见证了福建的革命历程，真实诉说着福建的革命荣光。

（赖文燕）

1923年9月1日
岩声报社出版第一期《岩声》月刊

纸文件、宣传品
纵 26 厘米 横 19 厘米
国家一级文物
龙岩市博物馆 藏

1921年春，邓子恢与章独奇、林仙亭、陈明、张觉觉（后叛变）、曹菊如等几位进步青年，在龙岩白土组织创办"奇山书社"，对新思想、新文化进行学习和研究，共同探讨改造社会的良方，并把读书心得油印成《读书录》，第二期改名为《同声》。书社的建立，不仅使邓子恢等有了活动基地，而且对龙岩知识分子的革命思想起了启蒙作用。

为了更好地"揭露社会黑暗，报道群众斗争，推广革命思潮，宣传社会主义"，1923年9月，邓子恢等人将《同声》的内容进行扩充，增加了新栏目，并改刊名为《岩声》报，公开出版，宣扬本报最大之使命乃在："改造旧社会，宣传新文化。"

从1923年9月1日《岩声》发行第1期起，到1926年1月22日，共出版发行了43期。其中1—24期为月刊，25—41期为半月刊，42期以后为周刊。其发行范围到达国内的12个省35个县市，销量达384份；在国外远销到新加坡、日里、亚齐、三巴垄、仰光、吕宋、槟榔屿等7处，发行208份，总计发行给固定户的有592份（零售除外）；至26期，销售量达700多份。

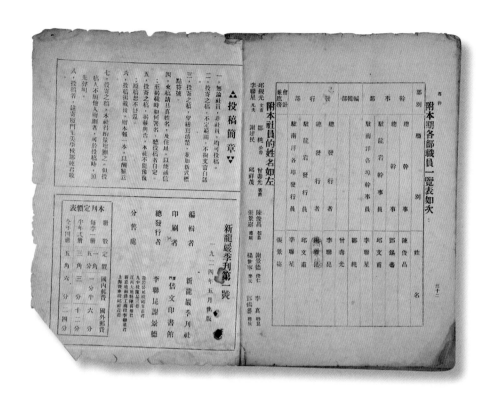

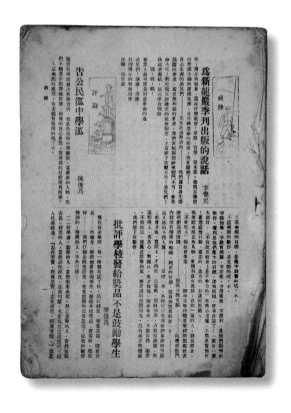

1924 年 5 月新龙岩季刊社发行
第一号《新龙岩季刊》

纸 文件、宣传品
长 19 厘米 宽 26.5 厘米 厚 0.2 厘米
国家二级文物
古田会议纪念馆 藏

白报纸质，铅印，呈长方形。封面横排蓝色油墨印刷，附有本号要目，封底竖排蓝色油墨印刷，印有 4 条启事。《季刊》分"前锋""评论""教育问题""社会问题""随感录""小说""戏剧""通信""专件"等栏目。

1924 车 4 月，李联星、杨世宁等龙岩在集美的学生发起组织"新龙岩季刊社"，随后创办《新龙岩季刊》，积极宣传新文化，抨击封建军阀的黑暗统治。

1927年1月卢肇西的集美学校师范部理科毕业证书

纸 名人遗物

长 36.2 厘米 宽 30.8 厘米

国家一级文物

古田会议纪念馆 藏

此证书系白皮纸，黑色墨石印，且套有花纹图案，边角微损，已裱一层。正文竖式楷书毛笔填写，主要内容为：卢肇西在本校师范部理科修业期满，考查成绩及格，准予毕业。此证还有校长叶渊、校主陈嘉庚及陈敬贤、主任李敬仲的落款及叶渊、李敬仲的私章，另有福建政务委员会之印和福建私立集美学校大印。此证书保存完整，内容清晰。

卢肇西 (1906—1931)，福建省永定县岐岭乡陈东村大陂人。1927 年春加入中国共产党。1928 年 6 月担任永定暴动副总指挥，与张鼎丞、阮山等一起领导了永定暴动。1929 年 5 月，红四军入闽后，任红四军第四纵队第八支队队长。7 月，出席中共闽西第一次代表大会，当选为中共闽西特委军委员，后任红四军四纵队政治部主任。12 月出席古田会议，1930 年 3 月出席闽西第一次工农兵代表大会，当选为闽西苏维埃政府执行委员。后历任福建省委军委书记。1931 年在"肃社党"中被错杀。

1928 年 "永定上溪南区苏维埃政府" 长方形铁盒木印章

木、铁 玺印符牌

长 8.5 厘米 高 1.5 厘米 宽 2.9 厘米

国家一级文物

古田会议纪念馆 藏

永定上溪南区主要包括城郊、西溪、金砂，是闽西革命先驱共产党人张鼎丞同志的家乡。1928 年 6 月，张鼎丞同志在这里领导了著名的金砂暴动，随后，暴动武装围攻县城，组建了闽西最早的红军营，分兵发动群众进行土地革命。8 月，溪南人民建立了闽西第一个工农民主政权——永定县溪南区苏维埃政府。这标志着溪南区武装割据的正式形成，溪南区成为全省最早的农村革命根据地之一。

1929 年春，朱德、毛泽东率领红四军进入闽西，消灭了闽西的反动武装。闽西掀起了全面暴动的革命热潮。永定县溪南区苏维埃也扩充为第一区和第二区。第一区，即上溪南苏维埃政府，在此后的风风雨雨的斗争中，一直坚持到中央主力红军长征后才被迫停止活动。尽管苏维埃政府停止了活动，但上溪南人民始终没有屈服于强敌的摧残和迫害，依然高举斗争旗帜，赢得了"红旗不倒"之乡的美誉，一直成为闽西革命活动中心之一。

印章，是权力的象征，也是行使权利的依据。上溪南人民武装推翻当地的反动统治之后，使用这枚小小的印章，废除了反动派压迫和剥削的旧制度、旧法令，代之以保障人民权利和利益的新制度、新法令。

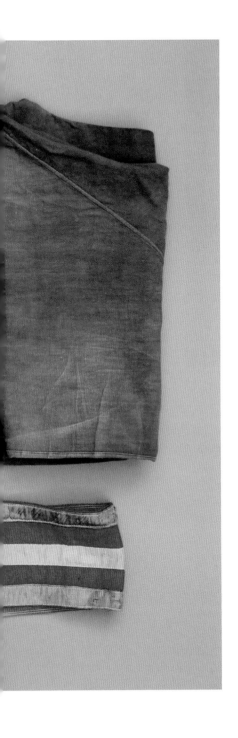

1929年3月红四军在长汀首次统一的全套军装

棉麻纤维 织绣
帽围 75 厘米 帽高 3 厘米 帽檐 4.5 厘米
领围 28 厘米 袖长 47 厘米 衣长 64 厘米
腰围 50.5 厘米 裤长 64 厘米
织巾袋长 137 厘米 织巾宽 10 厘米
国家二级文物
古田会议纪念馆 藏

"上衣为中山装式,有两个上贴口袋,领口佩缀红领章;裤子为普通样式,配绑腿;军帽为八角帽,缀有布质红五角星帽徽。"这套简朴的军装,就是中国红军历史上第一套正规军装,于 1929 年 3 月在福建长汀被设计并制作出来。

为打破敌军对井冈山革命根据地的第三次"围剿",1929 年春,朱德、毛泽东、陈毅率领红四军主力离开井冈山,向赣南、闽西进军。在当地党组织和地方武装的紧密配合下,红军经过半年艰苦转战,成功开辟了以龙岩、永定、上杭三县为中心的闽西革命根据地。当年,由于经济困难且长期处于战争环境之中,红四军服装各式各样、形形色色,大部分战士的服装相当破旧,急需更换补充。考虑到当时的实际情况,同时为了便于行军作战和内部管理,朱德、毛泽东、陈毅等红四军主要领导人决定拿出一部分军饷,制作 4000 套军装。

红四军战士们穿上统一的新军装后,军容军貌焕然一新,军威大振。红军战士们在长汀县城南寨广场举行了盛大的阅兵典礼,以整齐威武的军容,接受了朱德、毛泽东、陈毅等领导的检阅。

"一颗红星头上戴,二面红旗领子绣。"从此,红四军战士们穿着这套军装,开始了创建中央革命根据地的光辉历程。

1929 年 7 月红四军政治部编印《浪花》创刊号（第一期）

纸 文件、宣传品
长 56 厘米 宽 39 厘米
国家二级文物
古田会议纪念馆 藏

这张报纸是 1929 年 7 月 27 日红四军政治部编印的《浪花》创刊号（第一期），也是我军最早创办的第一份铅印军报。

1929 年，为配合红四军在闽西革命根据地的武装斗争，广泛宣传党和红军的政策，扩大政治影响，红四军政治部创办《浪花》报。1929 年 7 月 27 日，《浪花》创刊号（第一期）在闽西正式出版。这份军报为黑色单面铅印，四开二版，创刊号设有"发刊词""特讯""短评"等栏目。

《浪花》很快成为当时红四军宣传战绩、发动群众、揭露和打击敌人的有力武器。作为现存正式出版的最早的人民军队铅印军报，它在党的新闻报刊史上具有划时代的意义。

1985 年 7 月，这份见证我军光辉历史的《浪花》报，在福建省龙岩市漳平市双洋镇（原宁洋县城）一座土地庙的内墙上被发现。因报纸与土墙牢牢粘在一起，根据当时的条件，为保存它的原始样报，古田会议纪念馆工作人员把它与土墙一起切割下来，运回收藏。

1929 年红四军战士姜立生书写于蛟洋红军医院的墨书墙板诗

木 文件、宣传品

长 100.8 厘米 宽 73.5 厘米 厚 1.83 厘米

国家一级文物

古田会议纪念馆 藏

墙板诗由 4 块棕色木板拼成。诗作者姜立生，原名姜贤文，江西宁都县黄陂区连陂乡人。1928 年底参加革命，为表达向往共产主义的心愿，取共产主义的"产"字，改名为"立生"。1929 年 6 月，在攻打龙岩城的战斗中，身为二纵队战士的他机智勇敢，冲锋陷阵，不幸身负重伤，被送到蛟洋红军医院治疗，这首诗就是他在治疗期间写下的。

姜立生同志在蛟洋红军医院治伤期间，耳闻目睹蛟洋人民热爱子弟兵的动人情景：村里全部男劳动力都参加了担架队，妇女们则组织义务洗衣队，他们长期帮助红军医院挑柴送米，帮助伤员理发、送信、购买物品；逢年过节，他们还主动送肉、蛋、米糕慰问伤员。他有感而发提笔直抒胸臆。"导言"中写道："我们是红军第四军第二纵队第三支队第八大队士兵，驻扎在此数十天，多蒙蛟洋列位同志恩泽，招待我们比兄弟手足更好的多。"接着，他写道："我是赣南宁都住，真正革命到这路。军长下令要包围，一心打倒陈国辉。走上马路连冲锋，反贼尽死江河中……心在革命不在家，谁知龙岩带了花。我伤非小不相当，副官吩咐到此坊。总要共产到成功，我辈青年把田分。"文字朴实，情感真挚。

第二次国内革命战争时期永定革命委员会执行委员赖少明使用的红军第四军红布袖章

棉麻纤维 文件、宣传品
长 42 厘米 宽 16 厘米
国家二级文物
古田会议纪念馆 藏

该文物由白色棉线、红色棉布手工缝制而成，袖章正面画有五角星，五角星内画有斧头、镰刀，星角凹处写有"红军第四军"字样，下方写有"永定革命委员会执行委员赖少明"字样。1928 年 6 月，永定农民暴动。1929 年 5 月，红四军在朱德、毛泽东率领下，第二次入闽，解放永定县城，成立了永定县革命委员会。该文物是红四军在永定活动的重要历史见证。

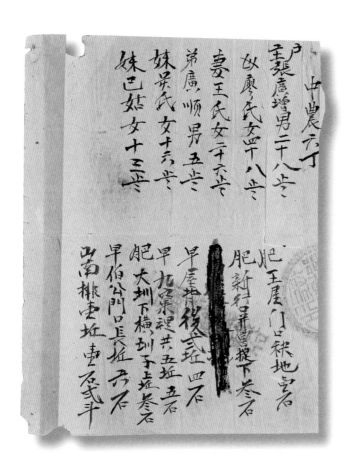

1929 年张广增的土地证

纸 档案文书
长 11.5 厘米 宽 7.2 厘米 重 5 克
国家二级文物
永定区博物馆 藏

此文物材质为毛边纸，色泛黄，表面有折痕，左上角有污渍，边缘略有破损，单面毛笔竖列书写，内容包括家庭成分、人口及户主和家庭成员姓名、性别、年龄，以及分配土地类别、地点、数量等，右下角盖竹三乡苏维埃政府红色圆形印章，更正处盖竹三乡苏维埃政府红色长条印章。

这份土地证 1978 年 2 月 28 日由张广增本人捐献永定县革命纪念馆收藏，它和永定区博物馆收藏的 1928 年永定县溪南里八坊乡土地调查表（国家三级文物）、1931年永定县苏维埃政府土地科翻印的《永定县溪南区三连乡重新分配土地调查表》等数十件藏品资料是溪南土改分田运动极其重要的实物见证。

永定县溪南区是第二次国内革命战争时期全国最早实行土改分田的地区之一，它首创的"以乡或村为单位，以原耕为基础按人口平均分配土地，抽多补少"的分配原则，为党确立正确的土地革命路线提供了理论指导和宝贵经验，奠定了坚实的基础，对中国土地革命乃至新中国成立后的土地改革都产生了深远的影响。

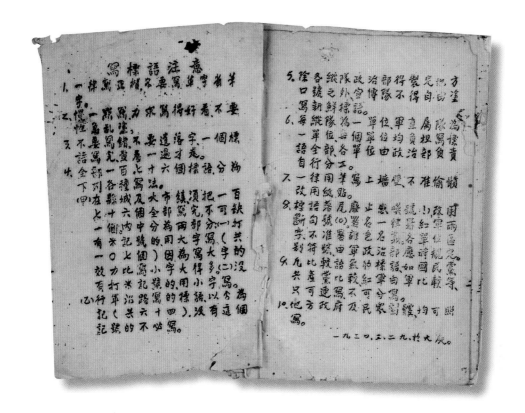

1930 年 3 月 29 日红军第四军政治部发布《革命标语》

纸 文件、宣传品

长 14.5 厘米 宽 19.3 厘米

国家三级文物

古田会议纪念馆 藏

该文物系毛边纸质，黑色油印，封面印有"革命标语""红军第四军政治部发布"等字样；正文前印有 10 条写标语注意事项；正文印有反封建帝国主义、反对国民党、反对国民党政府、建立苏维埃政府、士兵等 16 类标语，每类标语下均有具体的内容；正文后附有国民党十八罪状；封底用钢笔书写有蓝色"打倒帝国主义"等字。

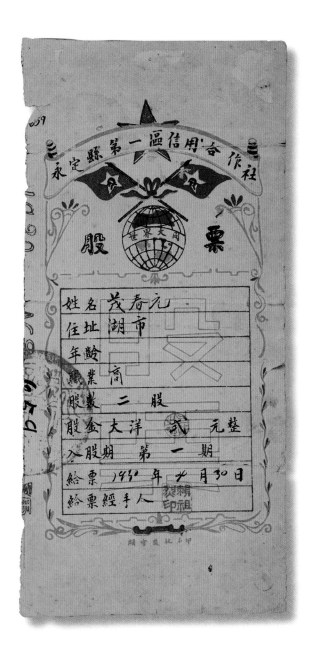

1930 年 4 月 30 日永定县第一区
信用合作社发给茂春元的贰元股票

纸 票据
长 12 厘米 宽 25 厘米
国家二级文物
古田会议纪念馆 藏

该文物呈长方形，白报纸，蓝墨铅印。股票上端印有红五角星、二面红旗、世界地图，地图上有"世界大同"字样，中间印有"姓名、住址、年龄、职业、股数、股金、入股期、给票时间、给票经手人"等栏目，并盖有红色圆形骑缝公章和经手人赖祖烈的私章，下端印有"湖雷进化石印"字样。

该文物是红色信用合作社成立的重要历史见证。

1930 年 4 月提付送交庐丰乡苏转蓝占丰同志启苏区七邮戳实寄封

纸 邮品
长 7.6 厘米 宽 15.1 厘米
国家一级文物
古田会议纪念馆 藏

该封质地为新闻纸，正面印有红边框，边框长 13.8 厘米，宽 3.3 厘米，竖写格式，上墨书有"送交卢丰乡苏转"字样。红边框内书有"蓝占丰同志启"，落款上写"转"，下写"提付"，正面信封盖有 4 个红色椭圆形印章。自上而下为 1. 上杭东一区横岗乡苏维埃政府收发处。2. 茶地乡苏维埃政府收发处。3. 上杭东一区和全乡苏维埃收发处。4. 东一区大窠村苏维埃收发处。背面正中骑缝处毛笔手写有阿拉伯字"1930.4"。上下两端封口处贴有三角形纸质封缄。

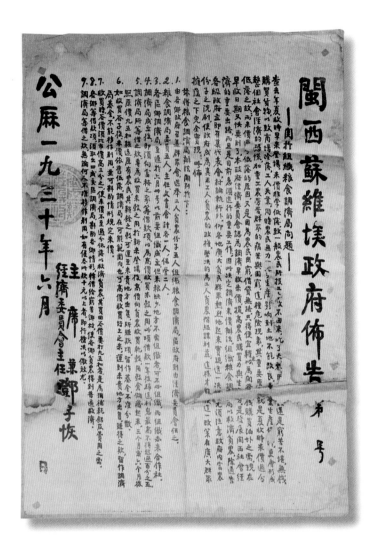

1930 年 6 月闽西苏维埃政府"关于组织粮食调济局问题"的布告

纸 文件、宣传品
长 62.5 厘米 宽 43.5 厘米 重 18 克
国家一级文物
长汀县博物馆 藏

布告为长方形、纸质、泛黄、折痕、多处烟熏洞，黑色毛笔竖行书写，左侧边中部盖有"闽西苏维埃政府"印章。

1929 年割禾时，闽西各地出现谷贱伤农的剪刀差现象，曾一度造成整个社会经济的恐慌。为此 1930 年 6 月 1 日，闽西工农民主政府经济部发表《调济米价宣传大纲》，指出：1.米价低落贫民吃亏，2.米价低落会使商场冷落工人失业，3.米价低落影响到生产减少，4.调济米价是目前重要工作，5.米价低落的原因，6.高价买谷，7.高价买米，8.筹款方法，9.调济局要贫农自己来干，10.要调济米价先要整理苏维埃，11.调济米价的根本政策是要扩大斗争。

闽西苏维埃政府于 1930 年 6 月发出了"关于组织粮食调济局问题"的布告。号召各地成立粮食调济局，并指出："粮食调济局的成立，是发展闽西社会经济的重要出路，是目前急需进行的重要工作。"布告首先对为何要筹办粮食调济局做了详细说明，再到具体事宜，从机构组织到资金、谷价等分九条做了明确的规定。自此，粮食调济局在闽西各地相继成立。

1930年闽西交通总局
赤色邮政棕黄色四片锤镰邮票

纸 邮品
长 1.9 厘米 宽 2.3 厘米
国家一级文物
古田会议纪念馆 藏

该邮票系方形，改良毛边纸平版石印，无齿孔，棕黄色，图幅为苏维埃徽志，图案正中为空心的光芒四射五角星，星中交叉的镰刀锤向左下方置放（倒置），四角上各有一个椭圆形圈，上面右左两椭圆内标有"四""片"两字，下面右左两椭圆内标有"闽""西"两字。上端正中从右到左书有"赤色邮政"字样，下端正中从右到左书有"交通总局"字样。

该邮票由张廷竹设计，闽西交通总局 1930 年 8 月在龙岩发行，龙岩东碧斋印书馆印刷，1932 年 5 月 1 日起停用。

闽西交通总局约于 1930 年三四月间在龙岩成立，总局长卢宝清，隶属闽西苏维埃政府文化建设委员会领导。闽西交通总局在县设立交通分局、区设交通站、乡设交通处，形成了较健全的邮政组织体系。1930 年 10 月发行闽西赤色邮票一套 2 枚，这是闽西苏区第一次发行的邮票。10 月，闽西苏维埃政府颁布《赤色邮政暂行章程》。1930 年 12 月，闽西交通总局随同闽西苏维埃政府迁驻永定虎岗。1931 年 5 月迁入上杭白砂，10 月由白砂迁往长汀。1932 年 3 月 18 日—21 日，福建省第一次工农兵代表大会在长汀召开，成立了福建省苏维埃政府，闽西交通总局改称为福建省总交通局。

1931 年闽西工农银行伍角铜印版

铜 钱币
长 6.5 厘米 宽 10.2 厘米
国家一级文物
长汀县博物馆 藏

印版呈长方形，铜质，镂空。正面采用阴阳两种刻法，呈现出文字和图案。印版四周阴刻水波纹，四角处刻五星图。上端中间为阳刻红旗飘扬图，上半部横排行阴刻"闽西工农银行"字样，下半部五星图内竖行阴刻"伍角"字样。下端横排分两行阴刻"闽西工农银行发行·公历一九三一年印"，字两侧阳刻有镰刀、斧头图。印版五星图顶端连接处及右侧水波纹处断裂。背面光滑无图案。

闽西工农银行是工农群众自己集资开办的一家股份制银行。1930 年 11 月 7 日在龙岩城下井巷正式成立。为了解决杂钞旧币充斥市场、金融混乱的局面，1930 年 11 月 25 日，闽西工农银行决定先印发暂行纸币 3 万张，每张 1 元，与大洋同价，由于印刷关系，到 12 月才正式发行。1931 年，又在永定虎岗印发了 1 元主币和 1 角、2 角辅币。这几种纸币都是由龙岩县苏委员、《红报》编辑张廷竹设计，银行印刷厂印制。原计划发行 5 角辅币，并派人去上海制版，但因当时上海党中央被特务破坏，派去的人员下落不明，过了较长时间，模版才由别人带回，为慎重起见，这块伍角铜印版并未使用。

1932 年 3 月 25 日福建省苏维埃政府印《福建省第一次工农兵代表大会决议案》

纸 文件、宣传品

长 13.0 厘米 宽 20.0 厘米 厚 0.5 厘米

国家一级文物

古田会议纪念馆 藏

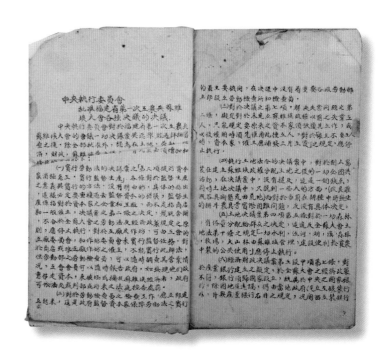

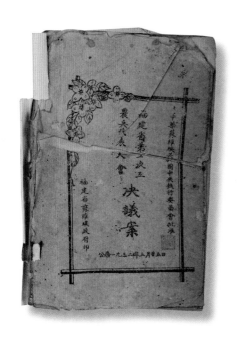

中共闽粤赣省第二次代表大会召开以后不久，新成立的闽粤赣省委和闽西苏维埃政府，为了贯彻全国第一次工农兵代表大会所通过的各项政规法令，以适应赣南、闽西苏区连成一片以后革命根据地更加巩固与发展的形势，决定召开福建省第一次工农兵代表大会。临时中央政府对于这次大会非常重视，大会召开前夕，以毛泽东、项英、张国焘的名义发出了《中央政府给福建省苏大会的指示信》，对会议做了详尽的指导。1932 年 3 月 18 日，福建省第一次工农兵代表大会在长汀城闽西苏维埃政府大礼堂开幕，到会代表 100 多人。会议历时 4 天，3 月 21 日闭幕。

1932 年 4 月 15 日，《福建省第一次工农兵代表大会决议案》由中华苏维埃共和国中央执行委员会批准。其内容共有九个部分：一、中央执行委员会批准福建省第一次工农兵苏维埃大会的决议；二、实行劳动法令决议；三、土地问题决议案；四、对军事工作决议；五、经济财政问题决议案；六、苏维埃建设问题决议案；七、福建省工农兵苏维埃第一次大会拥护全国红军通电；八、福建省工农兵苏维埃第一次大会致上海罢工工友电；九、拥护中国共产党通电。

《决议案》对纠正肃反错误和土地革命路线的错误偏向等方面，作出了若干切合闽西斗争的决定，并在地方政权与武装建设等方面提出了正确的主张。这对于推动闽西苏区军民展革命战争和苏区建设都起着积极的作用，标志着闽西苏区的领导力量进一步加强和苏维埃政权的进一步巩固。从这以后，闽西苏区进入强盛与发展时期。

第二次国内革命战争时期红军印刷厂的石印机

铁 其他
通长 127 厘米 通宽 62 厘米 通高 105 厘米
国家一级文物
长汀县博物馆 藏

1929 年 12 月 28 至 29 日,毛泽东、朱德、陈毅在上杭古田廖氏宗祠领导召开了著名的古田会议。会议通过了毛泽东主持起草的《中国共产党红军第四军第九次代表大会决议案》(即《古田会议决议》),明确指出"红军的宣传工作是红军第一个重大工作",为红军和根据地的宣传工作指明了方向。大量的革命书籍、报刊、传单等印刷品成为重要的宣传阵地。

闽西竹木资源丰富,造纸是闽西的一大优势,但印刷业却非常落后,仅长汀、龙岩、上杭三地有印刷业。其中,比较好的有长汀的"毛铭新印刷所"和龙岩的"东碧斋印书局"。

毛铭新印刷所是中央苏区第一个红色印刷所,1921 年由毛焕章创立。1929 年 3 月红军首次入闽,随后毛铭新印刷所为红军承印了许多布告、文告,如《中共六大决议案》《十大政纲》《红四军司令部布告》《告商人及知识分子书》等。

1932 年 5 月卓贤的"闽西列宁书局印刷比赛甲等优胜"银质奖章

银 宣传品
内圆直径 3.3 厘米 五角星对角线长 6.3 厘米
国家一级文物
毛泽东才溪乡调查纪念馆 藏

该文物为银灰色质地五角星奖章，中心连成圆形，上面印有"印刷比赛甲等优胜纪念"字样，五角星外角连成一个外圆，星顶端一角上印有"斧头镰刀"图案，每个角还印有"闽西列宁书局奖章"字样，五角星顶端有小孔作佩戴使用。

卓贤，上杭才溪人，原上杭县益智书局石印工人，曾在上杭县工会、长汀闽西列宁书局工作，后任全国总工会委员，兼福建省总工会主席。1932 年 5 月，卓贤在中央苏区创办的第一个出版机构——长汀闽西列宁书局参加印刷革命文件、书籍等比赛中成绩显著，荣获甲等优胜奖章。

该奖章见证了卓贤等一大批闽西革命子弟在苏区时期积极投身革命、创造优等业绩的历史，是共产党人坚定革命理想信念，拥护党拥护红军的实物标志。

第二次国内革命战争时期
中央总队的苏区少年先锋队
第一次总检阅优胜奖章

棉麻纤维 文件、宣传品
长 7.1 厘米 宽 4.0 厘米
国家一级文物
古田会议纪念馆 藏

1932 年 9 月初，为纪念"国际青年节"，活跃苏区的文体生活，振奋苏区军民的革命斗志、检阅苏区的后备力量及为红军输送新鲜的"血液"，中央苏区少先队总部决定在江西瑞金举行中央苏区少年先锋队第一次总检阅。9 月 4 日上午，来自闽、赣两省的 690 余名少年先锋健儿聚集一堂，力争在检阅仪式、政治演讲、军事操演和野外演习等检阅项目中一比高低。

代表上杭县参赛的健儿，是来自"中央苏区第一模范乡"的 29 名才溪儿童。他们在军事操演比赛中，以整齐划一的行进队列，弹无虚发的射击和威武勇猛的刺枪及劈刀，赢得了这枚奖章，展现了才溪苏区儿童的豪迈风采。

1932年中央苏区儿童团大检阅少年团章

铜 文件、宣传品
直径 2.1 厘米 重 4.64 克
国家二级文物
龙岩市上杭县博物馆馆藏

团章形式丰富，颜色庄重，线条细致。自然熔铸的镂刻字体流畅生动，彰显出传统文化和革命精神的完美融合。团章外部线条围绕成一圈，中间用一条直线将团章分为上下两个部分。上部从右到左镂雕"少年"二字。"少"字一撇流畅自然，左右两点耸直，上下分布，象征着热血青春、活泼自信的少年撑起了中央苏区的明天。下面镂雕与外圈线条合成"团"字，笔锋锐力，象征着苏区少年儿童顽强拼搏、自强不息的斗争精神和勇夺胜利的决心。团章背面焊接有回形别针，以便佩戴。

1929 年 7 月，福建省上杭县才溪乡建立苏维埃政权，才溪的党团组织日渐健全。才溪乡儿童团于 1929 年 10 月成立。在 1932 年中央苏区国际青年节活动中，中央苏区儿童局在江西瑞金叶坪举行儿童团大检阅，上杭县挑选了 100 名儿童出席，其中有才溪乡儿童团员 29 人。上杭县代表团获得"中央苏区共产儿童团大检阅总冠军"称号，并得到毛泽东的亲自接见。

才溪乡儿童团员大多数就读于才溪小学。他们组织成立学生剧团，经常采用民歌、快板等形式，到圩镇市场演出，传播胜利消息，动员参军参战，鼓舞后方人员搞好生产支援前线。他们还发起"儿童团星期六"义务活动，团员们在每周六分成若干小组，为烈军属做好事，配合赤卫队站岗、放哨、查路。少年儿童团员们达到军龄自觉踊跃参军。据统计，他们中参加红军在作战中英勇牺牲的革命烈士有 70 人。

1932年印制《中国工农红军军用号谱》

1932 年
纸 文件、宣传品
国家一级文物
宁化县革命纪念馆 藏

《中国工农红军军用号谱》由封面、内页等构成。封面边
饰为线条花边，中上部交叉步枪、齿轮、红旗，两侧连线，
下为军号。中部印有"中国工农红军军用号谱""中华苏
维埃中央军事政治学校印"。同时还有二朱文四字小方
章，字迹模糊，难以辨识。内页五行五线谱上刻写音符，
计 340 首，内容依次为：办公、生活、训练、番号、职务、
作战。

此号谱为老红军罗广茂珍藏，于 1975 年 3 月捐献给宁化
县革命纪念馆。该号谱是全国唯一一本保存完整，正规出
版、印刷的红军号谱。当时年仅 15 岁的罗广茂同志参加
了红军。他先是在红四军第三纵队担任司号员，后被选派
到中央军事学校陆地作战司号大队学习。结业时，学校发
给每位学员一本《军用号谱》，要求每个学员要像保护自
己的生命一样保护它。结业后，他带着《军用号谱》来到
朱德总司令的身边担任司号员。在连城与国民党十九路军
作战时不幸负伤，入长汀四都红军医院治疗。半年后，因
反"围剿"失利，医院被冲散，他突围后回到家中，将这
本《军用号谱》交给母亲代为保管，自己外出打工。中华
人民共和国成立后，他回到家中，多次询问母亲，但是因
母亲年事已高忘记了存放的地点。直到 1974 年在拆建家
中谷仓时，才发现这本用布和油纸裹得严严实实，钉在谷
仓底板上的《军用号谱》。

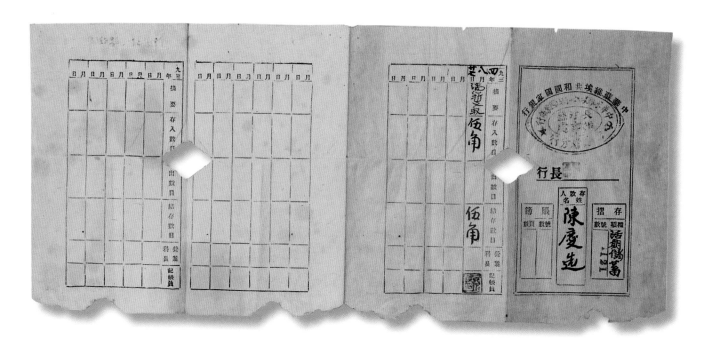

1934 年 8 月 27 日陈庆选中华苏维埃国家银行福建省分行长汀办事处的存折

纸 票据

长 19 厘米 宽 17 厘米

国家一级文物

长汀县博物馆 藏

1932 年 3 月 18 日，福建省第一次工农兵代表大会在长汀召开，并隆重成立了福建省苏维埃政府。不久，在中华苏维埃国家银行行长毛泽民的帮助下，以闽西银行的人员和设备为基础，组建成立了国家银行福建省分行。行址设在长汀水东街屙尿巷黄宅。福建省苏维埃政府内务部长李六如兼任行长。下设会计、出纳、营业、总务等科。主要业务是办理金银兑换，组织存放款，建立金融制度，发行兑换苏维埃纸币，推销公债等。

同时，中华苏维埃福建省分行还在南大街镇龙宫前周宅附设熔银厂，把银行收兑来的金银进行熔铸，银器熔成银饼后，送往江西瑞金中央造币厂铸银圆、银角（银毫）；把金器熔成一两、二两、三两、五两、十两的金条，秘密带往国民党统治区开展贸易，购汇苏区军民迫切需要的食盐、棉花、布匹、西药、印刷用品等，有力地打破了国民党对苏区的经济封锁。

中华苏维埃共和国国家银行福建省分行成立后，闽西工农银行同时存在，各自办理业务，为发展苏区金融事业服务。

三年游击战争时期张鼎丞的指南针

玻璃，其他金属 名人遗物
直径 2.4 厘米 厚 0.4 厘米
国家一级文物
古田会议纪念馆 藏

张鼎丞在三年游击战争时期使用过的指南针，除标明北、东、南、西四个方位外，还刻写着丑、寅、辰、巳、未、申、戌、亥等，加上北位的子、东位的卯、南位的午、西位的西，恰好是表示 12 个时辰。三年游击战争时期，张鼎丞就是凭借这个得力"助手"，领导闽西游击队牵制住国民党军队和反动民团，策应了主力红军的安全转移，最大限度地保留了党和红军游击队的力量，为抗日战争和解放战争的胜利奠定了基础。

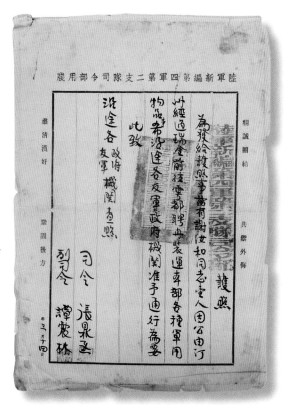

1938 年新四军二支队司令部给谢汝和颁发的护照（附信封）

纸 文件、宣传品
信长 38 厘米 宽 23 厘米 信封长 22 厘米 宽 10 厘米
国家一级文物
长汀县博物馆 藏

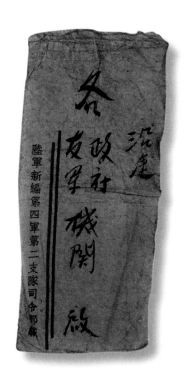

1938 年春，根据国共两党关于编组新四军的协议，原活动在闽西、闽粤边、闽赣边和浙南地区的红军游击队，改编为新四军第二支队。张鼎丞任司令员，副司令员谭震林（后谭震林去三支队，粟裕任副司令员）、参谋长罗忠毅、政治部主任王集成。二支队下辖第三、第四两个团。

3 月初，新四军二支队两千多人在张鼎丞、邓子恢、谭震林等率领下，浩浩荡荡北上抗日。一个星期后队伍到达汀州城，在汀州期间，新四军二支队正式恢复了长汀城区地下党支部。一天晚上，张鼎丞和梁国斌在地下党员毛钟鸣家里，召集汀州城区地下党员开会，会上确定了今后斗争的任务和行动方案，并且对当前国际国内形势和任务做了分析。接着，就派出地下党员谢代盛（谢汝和），带着"新四军二支队司令部护照"，以装运本部军用物品的名义，前往瑞金、于都一带，为二支队侦察敌情，以防止国民党顽固派对二支队北上的阻挠和破坏。7 天后，二支队离开汀州城到达古城，由于瑞金当局不让部队进城，为顾全大局，避免摩擦，二支队绕道经于都至赣州，再乘船至樟树，经过一个多月的长途跋涉，到达安徽岩寺拔塘，与新四军一、三支队胜利汇合。

抗日战争时期新四军二支队战士林高峰墨书家信

纸 档案文书

（一）长 60.9 厘米 宽 31 厘米
（二）长 30.8 厘米 宽 36 厘米
（三）长 20 厘米 宽 29 厘米
（四）长 30.8 厘米 宽 37 厘米
（五）长 15.5 厘米 宽 25 厘米

国家二级文物

古田会议纪念馆 藏

林高峰，1919 年生于上杭县才溪乡溪邻村一户贫农家里，少年受尽磨难。他从小耳濡目染穷人苦、富豪恶的社会现实，立志除暴安良。14 岁参加红军。1938 年初，坚持斗争的闽西红军游击从，编入新四军二支队北上抗日。他先后任政治部宣传员、营教导员。1941 年 1 月，国民党当局背信弃义，制造了震惊中外的"皖南事变"。刚升任团政治委员的林高峰面对顽军，身先士卒，沉着指挥，不幸饮弹牺牲，时年仅 24 岁。

林高峰的 5 封家信写于 1937 年 7 月下旬至 1938 年 10 月。此时，国共合作已告成功，全民抗战已经开始。闽西子弟兵响应中国共产党"一致对外，团结抗日"的号召，奔赴苏南皖南抗日前线，以"迅速扫清日寇，取得最后胜利"为己任而跃马横戈，血战沙场。在队伍开拔前夕，林高峰尽管对年老体弱的父母"思念无已"，但为了"完成抗战胜利的光荣任务"，劝慰父母"至于家庭应从困难奋斗"，请亲戚朋友"尽量帮助"。拳拳赤子之心，革命乐观主义精神跃然纸上。林高峰虽然告慰家人自己"为患难孝"，但对自己的同志和同志的家属却有火一般的热情。在繁忙的战事环境中。他时时处处不忘关心战友的家庭。信中要求父母及时转告与自己同时参军参战的同乡王胜、王集成、王直、王荣光家属"均在一块，身体平安"，并再三嘱托父母"请走他家"问候。在战火纷飞、硝烟弥漫的抗日战场上。他为了激奋亲人，及时将前方胜利佳音转报家中。"本军在江南地方广泛开展游击战争，天天与敌人打仗，不断地牵制敌人且取得了很大的胜利""中华民族解放的曙光正向着胜利的大道迈进。"让乡亲们分享胜利的欢乐和看到抗战必胜的光明前途。另一方面，他还积极宣传党的抗日统一战线政策，去信给家乡的保长等"头面人物"，要他们"眼光要看得远""做事妥为慎重"。敦促正告他们在后方必须维护"国共合作"的协议，保护红军家属生命财产的安全，"携手同心共图抗战胜利之大业"，体现了烈士高度的民族正义感。

林高峰烈士的 5 封家信，字里行间饱蘸着烈士生前舍家救国的豪情和抗日必胜的信念。

（一）

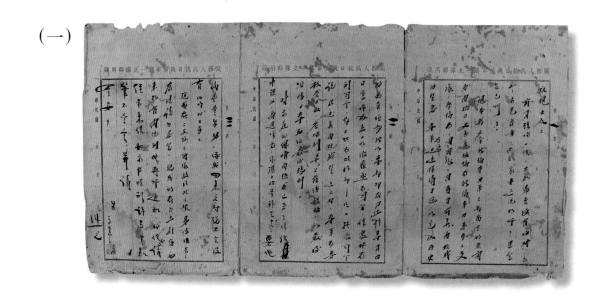

(二)

(三)

(四)

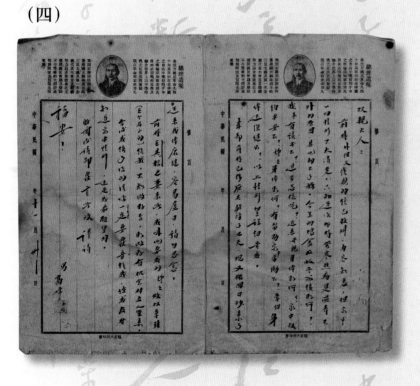

(五)

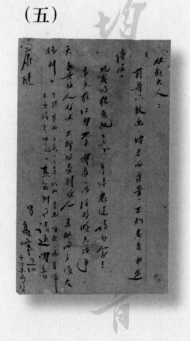

抗日战争时期芗潮剧社的徽章

铜 革命文物
直径 2.4 厘米 厚 0.3 厘米
国家三级文物
毛主席率领红军攻克漳州纪念馆 藏

该徽章为蓝白底铜质，连体双盾形，蓝底右上角白文"芗潮"铭文标识。盾面为戏剧男女人物白纹脸谱。背面：弹簧形别针，下有编号"32"。

芗潮剧社诞生于 20 世纪 30 年代的漳州，是一支活跃于闽南地区的革命文艺团体。在漳州地下党的直接领导下，芗潮剧社利用戏剧舞台，排演进步健康的话剧和歌曲，唤醒民众爱国热情，宣传党的抗日主张，积极开展抗日救亡运动。

自成立起直到 1938 年 6 月被地方国民党当局取缔止，芗潮剧社的足迹遍布漳州城乡以及厦门等闽南各地，因擅长街头、村社演出，深受各界欢迎。在闽南地区掀起一浪高过一浪的抗日高潮，一大批爱国青年、工人、店员、教师等加入剧社，壮大了革命力量。演出的著名剧目包括《伤兵医院》《贼》《婴儿杀戮》《仁丹》《未完成杰作》《汉奸之家》《小英雄》《中秋月》《放下你的鞭子》《警号》等，引领了闽南话剧运动的潮流，在中国话剧史上具有一定的地位。

1949 年"中国人民解放军闽粤赣边纵队第七支队关防"木方形印章

木 玺印符牌
长 7.5 厘米 宽 8.6 厘米 厚 2.5 厘米
国家二级文物
古田会议纪念馆 藏

该章为隶书篆刻阳文四方印,刻有"中国人民解放军闽粤赣边纵队第七支队关防"字样。

1948 年 12 月 21 日,中共中央批准建立闽粤赣边纵队,任命刘永生为司令员,杨建昌、魏金水先后为政委,铁坚为副司令员兼参谋长,朱曼平为副政委,林美南为政治部主任。1949 年 1 月 1 日,新华社播发了闽粤赣、粤赣湘、桂滇黔三个边纵队正式成立的宣言。闽粤赣边纵队正式成立后,将原来按地域建制的番号,改为统一的部队番号,将梅州、潮汕、韩江、闽西、闽南支队,依次改为闽粤赣边纵队第一、第二、第四、第七、第八支队。其中闽粤赣边纵队第七支队主要由闽西子弟兵组成,在解放闽西各县中立下赫赫战功。此印章是闽粤赣边纵队第七支队历史的见证,具有重要的历史价值。

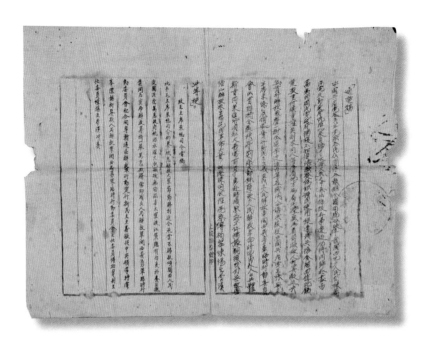

1949 年傅柏翠、练惕生、李汉冲为闽西起义所发的《通电稿》手稿

纸 文件、宣传品

长 34 厘米 宽 27 厘米

国家二级文物

古田会议纪念馆 藏

1949 年，辽沈、平津、淮海三大战役结束后，人民解放军以摧枯拉朽之势向全国各地挺进，军旗所指，国民党反动政权纷纷土崩瓦解。

慑于全国解放形势的迅速发展以及在中国人民解放军闽粤赣边纵队的沉重打击下，3 月中旬，伪福建第七专署专员李汉冲首先释放了关押在龙岩监狱里的所有政治犯。这一义举，获得了革命人士的赞赏，却引起反动派的不满。反动派决定撤换专员。李汉冲秘密同上杭古蛟地区的实力派人物傅柏翠、新专员练惕生接触，商讨起义之举。5 月 23 日，李汉冲、傅柏翠等利用迎接新专员之际，同新专员练惕生一起发布了著名的闽西起义《通电稿》。

《通电稿》认为闽西人民在国民党统治下，生活"自陷于水深火热之中，无法拯拔"；国民党"滥发伪钞、强民使用、继遣残兵，抢食闽西"；他们决定"为着地方，为着民众，并为着自救救人打算，毅然决然实行解放"，"服从中国共产党主张……实行新民主主义。""致力于人民解放革命。"最后，号召"应一致团结以解放求生存，完成革命大业。"

寥寥 200 多字起义的通电稿，宣告了蒋家王朝闽西反动统治的终结。六七月间，起义军政人员配合人民解放军英勇反击，迅速解放了闽西。

1955 年 9 月 27 日刘亚楼的空军上将
军衔任命书

纸 文件、宣传品
长 40 厘米 宽 28 厘米
国家一级文物
中央苏区（闽西）历史博物馆 藏

任命书为长方形，上书"授予军衔命令""第一三六号""授予中国人民解放军空军司令员刘亚楼以空军上将军衔""此令""国务院总理周恩来""一九五五年九月二十七日"。

刘亚楼，1910 年出生于福建省武平县湘店乡大洋泉村，1929 年加入中国共产党，先后经历了土地革命战争、二万五千里长征、抗日战争及解放战争，历任红四军第三纵队第八支队政委，红一军团第四军第十二师第三十五团政委，红十一师三十二团政委、红十一师政委，红一军团第二师第五团政委、第二师政治部主任、第二师政委、红一师师长、中国工农红军陕甘支队第二纵队副司令员等职。新中国成立后，任中国人民解放军空军司令员、国防委员会委员、中央军委委员、国防部副部长等职，并兼任国防部第五研究院院长、国防科委副主任。1950 年带领并指挥年轻的人民空军参加了抗美援朝战争。刘亚楼尽心致力于人民空军建设和国防事业的发展，得到党和人民的赞赏，被誉为"中国空军之父"。1955 年被授予空军上将军衔，荣获一级"八一勋章"、一级"独立自由勋章"和一级"解放勋章"。1965 年病逝于上海。

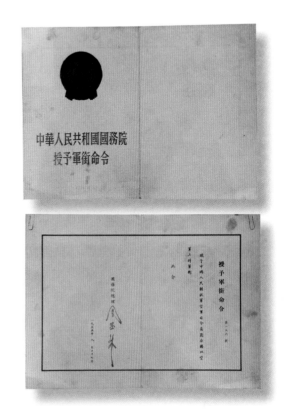

1955 年刘亚楼的空军上将服

三、翰墨聚珍——书画篇

四、红色风华——革命文物篇

福建省馆藏一级文物图录

【石器时代及更早】

清流人牙齿化石
第四纪晚更新世
三明市万寿岩遗址博物馆

盘口鼓腹小圈足泥质彩陶罐
新石器时代
福建省昙石山遗址博物馆

绳纹陶罐
新石器时代
福建省昙石山遗址博物馆

【青铜时代】

棕色彩绘带柄陶壶
新石器时代
福建博物院

棕红色彩绘陶杯
新石器时代
福建博物院

玉玦
青铜时代
福建省昙石山遗址博物馆

石戈
青铜时代
漳州市博物馆

石矛
青铜时代
漳州市博物馆

石璋
青铜时代
漳州市博物馆

石璋
青铜时代
漳州市博物馆

玉戈
青铜时代
漳州市博物馆

黑衣深腹细绳纹陶带流壶
青铜时代
漳州市博物馆

黑衣深腹陶豆
青铜时代
漳州市博物馆

双目纹弧形青铜镢
青铜时代
泉州市博物馆

陶钵
新石器时代
福建省昙石山遗址博物馆

陶杯
新石器时代
福建省昙石山遗址博物馆

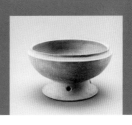

陶豆
新石器时代
福建省昙石山遗址博物馆

绳纹陶壶
新石器时代
福建省昙石山遗址博物馆

穿孔石戈
青铜时代
漳州市博物馆

穿孔石戈
青铜时代
漳州市博物馆

穿孔石戈
青铜时代
漳州市博物馆

穿孔石戈
青铜时代
漳州市博物馆

石锛
青铜时代
漳州市博物馆

石锛
青铜时代
漳州市博物馆

石钏
青铜时代
漳州市博物馆

穿孔石戈
青铜时代
仙游县博物馆

黑衣印席纹硬陶尊
青铜时代
光泽县博物馆

条纹方形陶拍
青铜时代
长汀县博物馆

印双线网格纹硬陶尊
青铜时代
长汀县博物馆

磨光弧刃石锛

商（前 1600—前 1046）

厦门市博物馆

印云雷纹硬陶鬶形壶

商（前 1600—前 1046）

福建博物院

印硬陶锥刺纹带把杯

商末周初

福建博物院

青铜觚

商一西周

建瓯市博物馆

【汉晋】

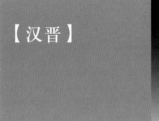

方格纹双系陶瓮

西汉（前 202—8）

浦城县博物馆

原始瓷印斜方格纹桶式罐

汉代（前 202—220）

福建博物院

青釉瓷虎子

西晋元康六年（296）

浦城县博物馆

【唐】

玉簪

唐（618—907）

晋江市博物馆

许氏故陈夫人砖墓志

唐（618—907）

福建省泉州海外交通史博物馆

越窑系青釉划花盖盒

唐（618—907）

晋江市博物馆

【五代十国】

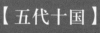

铜钟

唐中和三年（883）

福建省泉州海外交通史博物馆

八弧双鸾啣绶铜镜

唐（618—907）

福建博物院

八弧八簇花铜镜

唐（618—907）

福建博物院

青铜甬钟
西周（前1046—前771）
建瓯市博物馆

云纹青铜大铙
西周（前1046—前771）
福建博物院

青铜剑
战国（前475—前221）
武平县博物馆

双目纹弧形铜镶
东周（前770—前256）
莆田市博物馆

【南朝】

寿山石雕猪
南朝（420—589）
福建博物院

寿山石雕猪
南朝（420—589）
福建博物院

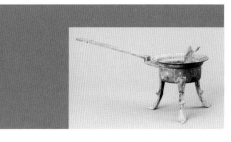

长柄三足铜鐎斗
南齐（479—502）
福建博物院

陶买地券
唐代（618—907）
漳浦县博物馆

青釉瓷罐
唐（618—907）
建瓯市博物馆

善业泥三佛立像陶印模
唐咸通十一年（870）
永安市博物馆

铜钟
唐咸通十五年（874）
连城县新泉整训纪念馆

闽国永隆通宝陶钱范
五代十国（907—979）
福建省泉州海外交通史博物馆

闽国王继勋陀罗尼石经幢
五代十国（907—979）
福建省泉州海外交通史博物馆

闽国永隆元年铜钟
五代十国（907—979）
政和县博物馆

铜鎏金闽王延翰狮子炉
五代（907—960）
福建博物院

波斯孔雀绿釉陶瓶
五代后唐长兴元年（930）
福建博物馆

刘华墓陶俑一组
五代后唐长兴元年（930）
福建博物馆

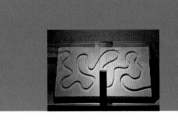

海船篾帆
宋（960—1279）
福建省泉州海外交通史博物馆

磁灶窑酱釉刻"明教会"碗
宋（960—1279）
晋江市博物馆

米黄釉绞胎弥勒坐像
宋（960—1279）
晋江市博物馆

曲水流觞石刻
宋（960—1279）
福建省泉州海外交通史博物馆

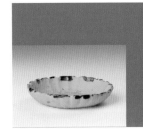

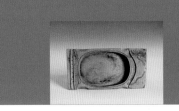

蓝料菊瓣形碟
宋（960—1279）
福州市博物馆

宋琴式澄泥砚
宋（960—1279）
南平市博物馆

建窑黑釉瓷盏
宋
南平市建阳区博物馆

建窑酱黄釉瓷盏
宋（960—1279）
南平市建阳区博物馆

蛙形歙石砚
宋（960—1279）
福建博物院

定窑白釉划莲花纹钵
宋（960—1279）
福建博物院

建阳窑黑釉酱斑碗
宋（960—1279）
福建博物院

磁灶窑泉州都知兵马
使王习陶墓志铭
北宋皇祐三年（1051）
晋江市博物馆

【宋】

酱釉四系罐
宋（960—1279）
福建省泉州海外交通史博物馆

铁力木碇杆
宋（960—1279）
福建省泉州海外交通史博物馆

磁灶窑绿釉双龙戏珠纹军持
宋（960—1279）
福建省泉州海外交通史博物馆

青白釉瓜楞双耳瓷执壶
宋（960—1279）
三明市博物馆

白釉堆塑蟠龙纹带盖瓷瓶
宋（960—1279）
三明市博物馆

青白釉刻莲瓣纹凤首瓷壶
宋（960—1279）
三明市博物馆

伊秉绶、翁方纲、宋湘、冯敏昌铭带紫檀盒长方形端砚《东坡砚》
宋（960—1279）
宁化县革命纪念馆

建窑黑釉油滴瓷盏
宋（960—1279）
南平市建阳区博物馆

黑釉描金"寿山福海"瓷盏
宋（960—1279）
武夷山市博物馆

铜编瓯
宋（960—1279）
建瓯市博物馆

靖康元年李纲铜
北宋（1126）
福建博物院

青白釉凤首瓷壶
北宋（960—1127）
将乐县博物馆

青白釉刻画莲纹带盖瓷温壶
北宋（960—1127）
将乐县博物馆

青白釉瓜棱腹瓷瓶
北宋（960—1127）
武夷山市博物馆

缠枝花卉纹带盖石棺砚
北宋（960—1127）
武夷山市博物馆

酱褐釉瓜棱纹瓷盖罐
北宋（960—1127）
建瓯市博物馆

寿山石雕舞俑
北宋（960—1127）
福建博物院

寿山石雕舞俑
北宋（960—1127）
福建博物院

寿山石雕虎
北宋（960—1127）
福建博物院

胡椒子
南宋（1127—1279）
福建省泉州海外交通史
博物馆

槟榔
南宋（1127—1279）
福建省泉州海外交通史
博物馆

乳香
南宋（1127—1279）
福建省泉州海外交通史
博物馆

龙涎香
南宋（1127—1279）
福建省泉州海外交通史
博物馆

木灰刮板
南宋（1127—1279）
福建省泉州海外交通史
博物馆

藤帽
南宋（1127—1279）
福建省泉州海外交通史博
物馆

木象棋子
南宋（1127—1279）
福建省泉州海外交通史
博物馆

椰子壳
南宋（1127—1279）
福建省泉州海外交通史
博物馆

铁买地券
南宋淳熙十三年（1186年）
福建省泉州海外交通史博物馆

黑漆托盏
南宋（1127—1279）
福州市博物馆

木雕饰鱼带
南宋（1127—1279）
福州市博物馆

剔犀如意云纹三层八角形盒
南宋（1127—1279）
福州市博物馆

耀州窑青釉印花卉纹碗

北宋（960—1127）

福建博物院

海船残体

南宋（1127—1279）

福建省泉州海外交通史
博物馆

降真香

南宋（1127—1279）

福建省泉州海外交通史
博物馆

檀香木

南宋（1127—1279）

福建省泉州海外交通史
博物馆

朱砂

南宋（1127—1279）

福建省泉州海外交通史
博物馆

南宋玳瑁饰件

南宋（1127—1279）

福建省泉州海外交通史
博物馆

**"曾斡水记"木牌、"朱库
国记"木签等**

南宋（1127—1279）

福建省泉州海外交通史博物馆

木尺

南宋（1127—1279）

福建省泉州海外交通史
博物馆

货贝

南宋（1127—1279）

福建省泉州海外交通史
博物馆

水银

南宋（1127—1279）

福建省泉州海外交通史
博物馆

铜勺

南宋（1127—1279）

福建省泉州海外交通史
博物馆

沉香木

南宋（1127—1279）

福建省泉州海外交通史
博物馆

剔犀如意云纹圆形盒

南宋（1127—1279）

福州市博物馆

竹篦梳

南宋（1127—1279）

福州市博物馆

剔犀如意云纹三层六出葵形盒

南宋（1127—1279）

福州市博物馆

钉银描金黑漆托盏

南宋（1127—1279）

邵武市博物馆

银鎏金"踏莎行"人
物故事八角杯

南宋（1127—1279）

邵武市博物馆

银鎏金錾花人物故事
八角盘

南宋（1127—1279）

邵武市博物馆

银鎏金錾花梅梢月纹
花口杯

南宋（1127—1279）

邵武市博物馆

银鎏金錾花梅梢月纹
花口盘

南宋（1127—1279）

邵武市博物馆

银鎏金錾花六出莲花杯

南宋（1127—1279）

邵武市博物馆

银鎏金錾花六出莲花杯

南宋（1127—1279）

邵武市博物馆

银鎏金錾花六出莲花杯

南宋（1127—1279）

邵武市博物馆

银鎏金錾花六出莲花杯

南宋（1127—1279）

邵武市博物馆

银錾花八出花口碟

南宋（1127—1279）

邵武市博物馆

银錾花八出花口碟

南宋（1127—1279）

邵武市博物馆

许峻墓鎏金双凤纹葵
瓣式银盒

南宋（1127—1279）

福建博物院

许峻墓卷云纹银粉盒

南宋（1127—1279）

福建博物院

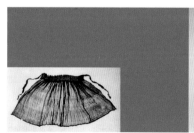

黄昇墓褐色罗印花褶裥裙

南宋（1127—1279）

福建博物院

绍兴端石抄手砚

南宋（1127—1279）

邵武市博物馆

泉州石碇

宋元

福建省泉州海外交通史博物馆

泉州石碇

宋元

福建省泉州海外交通史博物馆

银鎏金錾菊瓣托杯

南宋（1127—1279）

邵武市博物馆

银鎏金重瓣菊花盘

南宋（1127—1279）

邵武市博物馆

银鎏金錾花六出莲花杯

南宋（1127—1279）

邵武市博物馆

银鎏金錾花六出莲花杯

南宋（1127—1279）

邵武市博物馆

银鎏金錾花六出莲花杯

南宋（1127—1279）

邵武市博物馆

银鎏金錾花六出莲花杯

南宋（1127—1279）

邵武市博物馆

银錾花八出花口碟

南宋（1127—1279）

邵武市博物馆

银錾花八出花口碟

南宋（1127—1279）

邵武市博物馆

许峻墓银盏托

南宋（1127—1279）

福建博物院

黄昇墓银鎏金镂空心
形香薰

南宋（1127—1279）

福建博物院

黄昇墓银鎏金双凤衔
绶圆佩饰

南宋（1127—1279）

福建博物院

黄昇墓褐色罗镶彩绘
花边广袖袍

南宋（1127—1279）

福建博物院

伊斯兰教门楣石构件

宋元

福建省泉州海外交通史博物馆

宋元伊斯兰教曼苏尔石墓碑

宋元

福建省泉州海外交通史博物馆

【元】

龙泉窑真武坐像

元（1206—1368）

福建博物院

印度教毗湿奴石雕立像

元（1206—1368）

福建省泉州海外交通史博物馆

印度教金翅鸟石门楣

元（1206—1368）

福建省泉州海外交通史博物馆

印度教角力石柱

元（1206—1368）

福建省泉州海外交通史博物馆

印度教两神像与林伽龛状石构件

元（1206—1368）

福建省泉州海外交通史博物馆

印度教石构件

元（1206—1368）

福建省泉州海外交通史博物馆

印度教神与林伽龛状石构件

元（1206—1368）

福建省泉州海外交通史博物馆

印度教财富女神拉克希米龛状石构件

元（1206—1368）

福建省泉州海外交通史博物馆

印度教石柱头

元（1206—1368）

福建省泉州海外交通史博物馆

基督教叙利亚文石墓碑

元（1206—1368）

福建省泉州海外交通史博物馆

基督教八思巴文石墓碑

元（1206—1368）

福建省泉州海外交通史博物馆

基督教八思巴文易公刘氏石墓碑

元（1206—1368）

福建省泉州海外交通史博物馆

基督教八思巴文石墓碑

元（1206—1368）

福建省泉州海外交通史博物馆

基督教石墓碑

元（1206—1368）

福建省泉州海外交通史博物馆

基督教叙利亚文石墓碑

元（1206—1368）

福建省泉州海外交通史博物馆

基督教十字架纹尖拱状石墓碑

元（1206—1368）

福建省泉州海外交通史博物馆

基督教石墓盖

元（1206—1368）

福建省泉州海外交通史博物馆

印度教大象与林伽龛
状石构件

元（1206—1368）

福建省泉州海外交通史
博物馆

印度教四角斗拱莲花
石柱头

元（1206—1368）

福建省泉州海外交通史
博物馆

印度教三角形斗拱兽
面石柱头

元（1206—1368）

福建省泉州海外交通史
博物馆

印度教人面眼镜蛇石
构件

元（1206—1368）

福建省泉州海外交通史
博物馆

印度教螺旋状石刻

元（1206—1368）

福建省泉州海外交通史
博物馆

兴明寺也里可温石碑

元（1206—1368）

福建省泉州海外交通史
博物馆

天主教泉州主教安德
肋石墓碑

元（1206—1368）

福建省泉州海外交通史
博物馆

基督教二天使叙利亚
文石墓碑

元（1206—1368）

福建省泉州海外交通史
博物馆

基督教石挡垛

元（1206—1368）

福建省泉州海外交通史
博物馆

基督教四翼天使尖拱
形石墓碑

元（1206—1368）

福建省泉州海外交通史
博物馆

基督教尖拱形石墓碑

元（1206—1368）

福建省泉州海外交通史
博物馆

基督教"大德黄公"
石墓碑

元（1206—1368）

福建省泉州海外交通史
博物馆

伊斯兰教杜安沙石挡垛

元（1206—1368）

福建省泉州海外交通史博物馆

伊斯兰教赛义德布尔托玛
之女石墓碑

元（1206—1368）

福建省泉州海外交通史博物馆

伊斯兰教茜琳哈通石墓碑

元（1206—1368）

福建省泉州海外交通史博物馆

伊斯兰教哈吉·本·艾欧
伯克石墓碑

元（1206—1368）

福建省泉州海外交通史博物馆

伊斯兰教努冉萨石墓碑

元（1206—1368）

福建省泉州海外交通史博物馆

伊斯兰教纳鲁旺·巴那石墓碑

元（1206—1368）

福建省泉州海外交通史博物馆

伊斯兰教无名石墓碑

元（1206—1368）

福建省泉州海外交通史博物馆

伊斯兰教阿拉伯文石挡垛

元（1206—1368）

福建省泉州海外交通史博物馆

伊斯兰教郭氏祖坟石墓碑

元（1206—1368）

福建省泉州海外交通史博物馆

伊斯兰教潘总领石墓碑

元（1206—1368）

福建省泉州海外交通史博物馆

伊斯兰教须弥座式披巾石墓盖

元（1206—1368）

福建省泉州海外交通史博物馆

伊斯兰教格兰脱·特勤石墓碑

元（1206—1368）

福建省泉州海外交通史博物馆

伊斯兰教艾克拉伯·奥姆尔石墓碑

元（1206—1368）

福建省泉州海外交通史博物馆

伊斯兰教须弥座式石墓盖

元（1206—1368）

福建省泉州海外交通史博物馆

伊斯兰教无名石墓碑

元（1206—1368）

福建省泉州海外交通史博物馆

元伊斯兰教阿拉伯文石挡垛

元（1206—1368）

福建省泉州海外交通史博物馆

伊斯兰教阿拉伯文石挡垛

元（1206—1368）

福建省泉州海外交通史博物馆

伊斯兰教无名石墓碑

元（1206—1368）

福建省泉州海外交通史博物馆

伊斯兰教永春县达鲁花赤石墓碑

元（1206—1368）

福建省泉州海外交通史博物馆

"泉州路总管府"铜权

元（1206—1368）

福建省泉州海外交通史博物馆

伊斯兰教马哈穆德须
弥座式石墓盖
元（1206—1368）
福建省泉州海外交通史
博物馆

伊斯兰教塔式云月纹
石墓盖顶
元（1206—1368）
福建省泉州海外交通史
博物馆

伊斯兰教云月纹石墓顶
元（1206—1368）
福建省泉州海外交通史博
物馆

伊斯兰教古吐不拉石
墓盖顶
元（1206—1368）
福建省泉州海外交通史
博物馆

伊斯兰教赫底
澈·宾·番夏石墓碑
元（1206—1368）
福建省泉州海外交通史
博物馆

伊斯兰教伊本·德贾
伯石墓碑
元（1206—1368）
福建省泉州海外交通史
博物馆

伊斯兰教法蒂
玛·宾·奈纳石墓碑
元（1206—1368）
福建省泉州海外交通史
博物馆

伊斯兰教赡思丁·本·努
尔丁石墓碑
元（1206—1368）
福建省泉州海外交通史博
物馆

伊斯兰教阿拉伯文石
挡垛
元（1206—1368）
福建省泉州海外交通史
博物馆

伊斯兰教阿拉伯文石
挡垛
元（1206—1368）
福建省泉州海外交通史
博物馆

伊斯兰教阿拉伯文石
挡垛
元（1206—1368）
福建省泉州海外交通史
博物馆

伊斯兰教阿拉伯文石
挡垛
元（1206—1368）
福建省泉州海外交通史
博物馆

釉里红缠枝莲胆式瓶
元（1206—1368）
福建省泉州海外交通史博物馆

景教雕"十"字飞天
纹尖拱形石碑
元（1206—1368）
泉州市博物馆

基督教浮雕"十"字莲
花纹圆柱形石墓盖
元（1206—1368）
泉州市博物馆

佚名绢本婴戏图斗方
元（1206—1368）
福州市博物馆

佚名设色秋轩待客图
纨扇面
元（1206—1368）
福州市博物馆

龙泉窑青釉褐彩双耳
衔环瓷瓶
元（1206—1368）
南平市博物馆

龙泉窑菊瓣纹瓷盖罐
元（1206—1368）
建瓯市博物馆

凤鸟纹直耳三足铜鬲
元（1206—1368）
福建博物院

"卓吾"狮钮石印
明（1368—1644）
福建省泉州海外交通史博物馆

漳州窑青花凤穿牡丹
纹开光盘
明（1368—1644）
泉州市博物馆

德化窑白釉双耳瓶
明（1368—1644）
德化县陶瓷博物馆

德化窑白釉狮形香插
明（1368—1644）
德化县陶瓷博物馆

佚名设色星图
明（1368—1644）
莆田市博物馆

漳州窑米色白釉镂孔
双兽耳瓷绣墩
明（1368—1644）
漳州市博物馆

漳州窑米色白釉瓷童
子观音坐像
明（1368—1644）
漳州市博物馆

漳州窑五彩开光凤凰
花卉纹瓷盘
明（1368—1644）
漳州市博物馆

漳州窑青花开光松鹿梅
鹊花卉纹菱口瓷盘
明（1368—1644）
漳州市博物馆

漳州窑青釉刻花花卉
纹瓷盘
明（1368—1644）
漳州市博物馆

漳州窑青花水牛荷塘
花卉纹瓷盘
明（1368—1644）
漳州市博物馆

漳州窑五彩云龙纹瓷盘
明（1368—1644）
漳州市博物馆

【明】

四爪铁锚

明（1368—1644）

福建省泉州海外交通史
博物馆

德化窑白釉"何朝宗"
款渡海观音立像

明（1368—1644）

福建省泉州海外交通史
博物馆

"王弼"款泥塑关羽
立像

明（1368—1644）

福建省泉州海外交通史博
物馆

"王弼"款泥塑关羽
坐像

明（1368—1644）

福建省泉州海外交通史博
物馆

德化窑白釉狮形香插

明（1368—1644）

德化县陶瓷博物馆

德化窑酱釉狮形香插

明（1368—1644）

德化县陶瓷博物馆

景德镇窑青花麒麟纹
双象耳簋式炉

明（1368—1644）

晋江市博物馆

青花文王访贤图花尊

明（1368—1644）

晋江市博物馆

漳州窑五彩开光凤凰
牡丹花果纹瓷盘

明（1368—1644）

漳州市博物馆

漳州窑五彩开光麒麟
花卉纹瓷盘

明（1368—1644）

漳州市博物馆

漳州窑青花开光凤凰
牡丹花卉纹瓷盘

明（1368—1644）

漳州市博物馆

漳州窑青花开光凤凰
牡丹花卉纹瓷盘

明（1368—1644）

漳州市博物馆

漳州窑五彩太极龙凤
纹瓷盘

明（1368—1644）

漳州市博物馆

漳州窑青花花卉纹瓷碗

明（1368—1644）

漳州市博物馆

漳州窑五彩印章山水
楼阁纹瓷盘

明（1368—1644）

漳州市博物馆

漳州窑五彩鱼藻纹瓷盘

明（1368—1644）

漳州市博物馆

漳州窑五彩开光折枝
花卉纹瓷军持

明（1368—1644）

漳州市博物馆

漳州窑酱地白花梅花
纹瓷军持

明（1368—1644）

漳州市博物馆

漳州窑青花花卉纹瓷
军持

明（1368—1644）

漳州市博物馆

明漳州窑青花开光双
龙戏珠纹瓷盘

明（1368—1644）

漳州市博物馆

漳州窑五彩开光忠孝廉
节"福"字纹瓷盘

明（1368—1644）

漳州市博物馆

漳州窑青花开光双龙戏
珠花卉纹瓷盘

明（1368—1644）

漳州市博物馆

漳州窑蓝地白花花卉纹
瓷盘

明（1368—1644）

漳州市博物馆

漳州窑青花牡丹凤纹
瓷盘

明（1368—1644）

漳州市博物馆

漳州窑酱釉白花麒麟
卷云纹瓷盘

明（1368—1644）

漳州市博物馆

漳州窑五彩开光阿拉
伯文瓷盘

明（1368—1644）

漳州市博物馆

漳州窑青釉划花凤凰
花卉纹瓷盘

明（1368—1644）

漳州市博物馆

漳州窑青花松鹿山水
纹瓷盘

明（1368—1644）

漳州市博物馆

漳州窑五彩龙纹罗盘
航海图瓷盘

明（1368—1644）

漳州市博物馆

漳州窑青花开光莲池
鸳鸯花卉纹瓷盘

明（1368—1644）

漳州市博物馆

漳州窑五彩开光"玉堂
佳器"人物花卉纹瓷盘

明（1368—1644）

漳州市博物馆

漳州窑青花花卉纹瓷罐

明（1368—1644）

漳州市博物馆

漳州窑青花开光荷塘
水禽花卉纹瓷盘

明（1368—1644）

漳州市博物馆

漳州窑五彩开光牡丹
凤纹瓷盘

明（1368—1644）

漳州市博物馆

漳州窑五彩荷池水禽
花卉纹瓷盘

明（1368—1644）

漳州市博物馆

漳州窑青花人物纹筒
形瓷三足炉

明（1368—1644）

漳州市博物馆

漳州窑青花开光山水
花卉纹瓷盘

明（1368—1644）

漳州市博物馆

漳州窑青花开光海船
花卉纹瓷盘

明（1368—1644）

漳州市博物馆

漳州窑青花龙纹瓷罐

明（1368—1644）

漳州市博物馆

漳州窑青釉白花花瓣
纹瓷盘

明（1368—1644）

漳州市博物馆

漳州窑青花开光山水
人物锦地龙纹瓷盘

明（1368—1644）

漳州市博物馆

漳州窑青花人物故事
图瓷三足炉

明（1368—1644）

漳州市博物馆

漳州窑青花花卉纹瓷
四系罐

明（1368—1644）

漳州市博物馆

青花开光花卉纹瓷圈
足盆

明（1368—1644）

漳州市博物馆

漳州窑青花开光山水
文字纹瓷盘

明（1368—1644）

漳州市博物馆

漳州窑五彩山水楼阁
印章纹瓷盘

明（1368—1644）

漳州市博物馆

漳州窑五彩开光阿拉
伯文字纹瓷盘

明（1368—1644）

漳州市博物馆

漳州窑五彩指南针航
海图纹瓷盘

明（1368—1644）

漳州市博物馆

漳州窑五彩花鸟纹瓷罐
明（1368—1644）
漳州市博物馆

漳州窑青花花鸟纹瓷
尊式瓶
明（1368—1644）
漳州市博物馆

漳州窑青花龙纹瓷四
系罐
明（1368—1644）
漳州市博物馆

十三档六子木算盘
明（1368—1644）
漳浦县博物馆

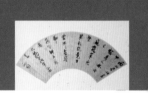

漳州窑五彩莲池鸳鸯
纹大盘
明（1368—1644）
中国闽台缘博物馆

漳州窑青花鹤鹿山水
纹花口大盘
明（1368—1644）
中国闽台缘博物馆

杨文骢水墨山水折扇面
明（1368—1644）
福州市博物馆

张瑞图草书折扇面
明（1368—1644）
福州市博物馆

漳州窑白釉如来佛像
明（1368—1644）
福建博物院

德化窑文昌坐像
明（1368—1644）
福建博物院

德化窑白釉观音立像
明（1368—1644）
福建博物院

德化窑妈祖坐像
明（1368—1644）
福建博物院

张瑞图草书轴
明（1368—1644）
福建博物院

祝允明草书轴
明（1368—1644）
福建博物院

吴彬峰峦承秀图轴
明（1368—1644）
福建博物院

董其昌仿赵孟頫山水图
明（1368—1644）
福建博物院

吕纪设色梅花天鹅图轴
明（1368—1644）
福建博物院

"时大彬制"款紫砂壶

明（1368—1644）

漳浦县博物馆

雕白玉螭龙带钩

明（1368—1644）

厦门市博物馆

木雕彩绘金刚立像

明（1368—1644）

中国闽台缘博物馆

漳州窑青花牡丹凤纹开光大盘

明（1368—1644）

中国闽台缘博物馆

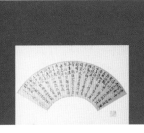

王穉登行书送别诗四首折扇面

明（1368—1644）

福州市博物馆

镂雕螭钮叶进卿玉方章

明（1368—1644）

福建博物院

镂雕螭钮叶向高白玉方章

明（1368—1644）

福建博物院

叶向高白玉镂雕水仙花顶发簪

明（1368—1644）

福建博物院

雕木胎漆金真武坐像

明（1368—1644）

福建博物院

雕木胎漆金武士立像

明（1368—1644）

福建博物院

文徵明行书《赤壁赋》册

明（1368—1644）

福建博物院

陈继儒行书轴

明（1368—1644）

福建博物院

沈周设色竹西幽居图轴

明（1368—1644）

福建博物院

夏昶墨竹（一壑秋声）图轴

明（1368—1644）

福建博物院

刘绍等施铸铜钟

明永乐四年（1406）

上杭县博物馆

仿哥釉叶脉盘

明中期

厦门市博物馆

德化窑白釉褐书郭真荫墓志

明正德十四年（1519）

德化县陶瓷博物馆

兰釉三足炉

明嘉靖年间（1522—1566）

厦门市博物馆

青釉瓷骨灰盖罐

明嘉靖十九年（1540）

福鼎市博物馆

青釉瓷骨灰盖罐

明嘉靖十九年（1540）

福鼎市博物馆

景德镇窑青花人物笔筒

明崇祯年间（1627—1644）

厦门市博物馆

郑成功佩雕龙纹玉带板

明末清初

南安市博物馆

米黄釉观音像

明末清初

华侨博物院

【清】

漳窑米色白釉双环耳瓷三足炉

清（1636—1911）

漳州市博物馆

漳窑米色白釉双兽耳瓷罐

清（1636—1911）

漳州市博物馆

漳窑米色白釉瓷三足炉

清（1636—1911）

漳州市博物馆

漳窑米色白釉堆贴三羊开泰纹瓷瓶

清（1636—1911）

漳州市博物馆

漳窑米色白釉贴塑花鸟纹瓷箭筒

清（1636—1911）

漳州市博物馆

漳窑米色白釉开光堆贴人物纹双耳瓷瓶

清（1636—1911）

漳州市博物馆

"丙午仲夏鸣远仿古"款紫砂壶

清（1636—1911）

漳浦县博物馆

"壬子仲冬名人法古"款紫砂壶

清（1636—1911）

漳浦县博物馆

"温州府"铭铜铳
明嘉靖三十二年（1553）
晋江市博物馆

德化窑青花陈素轩墓志
明嘉靖三十八年（1559）
德化县陶瓷博物馆

景德镇窑青花开光花鸟盖罐
明万历年间（1573—1620）
厦门市博物馆

李仲芳款宜兴紫砂壶
明天启七年（1627）
晋江市博物馆

西贡华侨邱文成石墓志铭
清（1636—1911）
福建省泉州海外交通史博物馆

漳窑米黄釉刻划纹花觚
清（1636—1911）
晋江市博物馆

漆木雕人物龙纹桌灯
清（1636—1911）
莆田市博物馆

金漆透雕菓盒
清（1636—1911）
莆田市博物馆

漳窑米色白釉双铺首
耳瓷橄榄瓶
清（1636—1911）
漳州市博物馆

漳窑米色白釉夔龙纹
双菱瓷觚
清（1636—1911）
漳州市博物馆

漳窑米色白釉青花骏
马纹瓷瓶
清（1636—1911）
漳州市博物馆

漳窑米色白釉瓷如意
观音立像
清（1636—1911）
漳州市博物馆

景德镇窑青花三友图大碗
清（1636—1911）
厦门市博物馆

铜关公立像
清（1636—1911）
中国闽台缘博物馆

铜周仓立像
清（1636—1911）
中国闽台缘博物馆

铜关平立像
清（1636—1911）
中国闽台缘博物馆

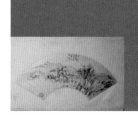

奚冈水墨溪行清趣折
扇面

清（1636—1911）

福州市博物馆

奚冈水墨夏涧松风图
折扇面

清（1636—1911）

福州市博物馆

奚冈草书五言律诗二
首折扇面

清（1636—1911）

福州市博物馆

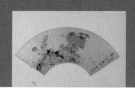

恽骏设色没骨菊花草
虫折扇面

清（1636—1911）

福州市博物馆

景德镇窑乾隆款青花
花果纹天球瓶

清（1636—1911）

福建博物院

景德镇窑釉里红竹石
芭蕉纹玉壶春瓶

清（1636—1911）

福建博物院

廖熙雕楠木关羽坐像

清（1636—1911）

福建博物院

茶树根观音戏木莲

清（1636—1911）

福建博物院

朱耷行书轴

清（1636—1911）

福建博物院

华嵒设色西园雅集图轴

清（1636—1911）

福建博物院

黄慎枯木雄鹰图

清（1636—1911）

福建博物院

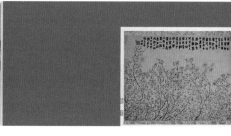

金农梅花图轴

清（1636—1911）

福建博物院

监督都督同知关防

明末清初（1644—1683）

厦门市博物馆

"朱成功"花押银币

清初（1644—1683）

厦门市博物馆

郑氏部将陈永华"复甫"印

清初（1644—1683）

厦门市博物馆

郑氏部将陈永华"永华"印

清初（1644—1683）

厦门市博物馆

魏汝奋雕寿山牛角冻罗汉坐像

清（1636—1911）

福州市博物馆

漆金木雕戏剧人物长方供盒

清（1636—1911）

漳平市博物馆

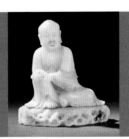

刻白芙蓉罗汉坐像

清（1636—1911）

福建博物院

德化窑达摩立像

清（1636—1911）

福建博物院

金农隶书轴

清（1636—1911）

福建博物院

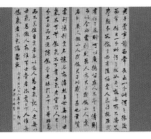

林则徐行书四幅屏

清（1636—1911）

福建博物院

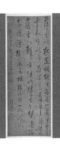

许友草书轴

清（1636—1911）

福建博物院

郑燮隶书轴

清（1636—1911）

福建博物院

郑旼山水图轴

清（1636—1911）

福建博物院

郑氏部将蔡进福墓志铭

清初（南明）

厦门市博物馆

郑氏部将薛睿薛进思兄弟墓志铭

清初（南明）（1644—1683）

厦门市博物馆

仿佛郎机铜炮

清初（南明）（1644—1683）

厦门市博物馆

郑氏部将陈永华"厩珍"印

清初（1644—1683）

厦门市博物馆

郑成功军队藤盔

清初（1644—1683）

厦门市博物馆

鲁纪年铜炮

清初（南明）（1644—1683）

厦门市博物馆

郑成功军队藤牌

清初（1644—1683）

厦门市博物馆

皇明钦赐祭葬太师彦千郑公
及弟太傅涛千公墓志铭

清初（南明）（1644—1683）

厦门市博物馆

德化窑白釉张九娘墓志

南明隆武乙酉年（1645）

德化县陶瓷博物馆

平夷将军铜印

南明永历十三年（1659）

厦门市博物馆

荷兰文原版揆一著《被
贻误的福尔摩沙 》

清康熙十四年（1675）

中国闽台缘博物馆

青花人物大碗

清康熙年间（1662—1722）

厦门市博物馆

斗彩龙纹盘

清康熙年间（1662—1722）

厦门市博物馆

斗彩龙纹盘

清康熙年间（1662—1722）

厦门市博物馆

景德镇窑青花开光人物大缸

清康熙年间（1662—1722）

厦门市博物馆

青花勾莲大碗

清雍正年间（1723—1735）

厦门市博物馆

青花勾莲大碗

清雍正年间（1723—1735）

厦门市博物馆

粉彩花卉大碗

清雍正年间（1723—1735）

厦门市博物馆

霁兰高足碗

清雍正年间（1723—1735）

厦门市博物馆

景德镇窑黄地绿龙小碗

清乾隆年间（1736—1795）

厦门市博物馆

景德镇窑酱釉碗

清乾隆年间（1736—1795）

厦门市博物馆

景德镇窑斗彩马蹄碗

清乾隆年间（1736—1795）

厦门市博物馆

景德镇窑斗彩马蹄碗

清乾隆年间（1736—1795）

厦门市博物馆

德化窑白釉双铺首瓶
清康熙十七年（1678）
德化县陶瓷博物馆

景德镇窑青花"涵江卢塘卢氏圹志"瓷墓志
清康熙辛丑年（1721）
莆田市博物馆

景德镇窑茄皮紫双兽耳炉
清康熙年间（1662—1722）
厦门市博物馆

黄釉绿彩海涛云龙纹碗
清康熙年间（1662—1722）
厦门市博物馆

颜臣相供程田寺德化窑白釉瓶
清雍正七年（1729）
德化县陶瓷博物馆

斗彩龙纹盘
清雍正年间（1723—1735）
厦门市博物馆

黄釉绿彩云龙纹寿字盘
清雍正年间（1723—1735）
厦门市博物馆

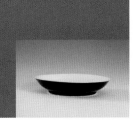

景德镇窑兰釉盘
清雍正年间（1723—1735）
厦门市博物馆

漳窑米色白釉刻牡丹纹瓷花觚
清乾隆年间（1736—1795）
漳州市博物馆

景德镇窑唐英铭墨彩云龙诗文笔海
清乾隆年间（1736—1795）
厦门市博物馆

景德镇窑青花釉里红八仙祝寿纹盘
清乾隆年间（1736—1795）
厦门市博物馆

景德镇窑黄地绿龙小碗
清乾隆年间（1736—1795）
厦门市博物馆

青花勾莲双耳牛头尊
清乾隆年间（1736—1795）
厦门市博物馆

青花勾莲纹双耳瓶
清乾隆年间（1736—1795）
厦门市博物馆

青白玉"青芝岫影"山子
清乾隆年间（1736—1795）
福建博物院

白玉浅浮雕山水贯耳扁盖瓶
清乾隆年间（1736—1795）
厦门市博物馆

琉球蕃客石墓碑

清道光十一年（1831）
福建省泉州海外交通史博物馆

"泉郡南门外浯江铺塔堂
鹿港郊公置"铁钟

清道光十七年（1837）
中国闽台缘博物馆

虎门炮台用的陶火药缸

清鸦片战争时期
福州市林则徐纪念馆

法国米卢斯杜克芒公
司产插床

1867 年
中国船政文化博物馆

【近现代】

漳窑米色白釉粉彩人
物纹瓷瓶

清末民国
漳州市博物馆

陈可铣雕兽钮水晶冻方章材

民国
福建博物院

林清卿刻巧色薄意花
卉田黄方章材

民国
福建博物院

柯世仁雕黄杨木伏虎
罗汉立像

民国
福建博物院

柯世仁雕黄杨木伏狮
罗汉立像

民国
福建博物院

柯世仁雕黄杨木弥勒
佛坐像

民国
福建博物院

柯依四雕象牙虾莲摆件

民国
福建博物院

岩声报创刊《缘起》
墨书手稿

1923 年 8 月
龙岩市博物馆

岩声报创刊《简章》
墨书手稿

1923 年 8 月 1 日
龙岩市博物馆

岩声报社《岩声》月
刊第一期

1923 年 9 月 1 日
古田会议纪念馆

岩声报社出版第一期《岩声

1923 年 9 月 1 日
龙岩市博物馆

"福建船政同治十年"车床

清同治十年（1871）
中国船政文化博物馆

福州船政"通济舰"的舵轮（后加钤
"福州船政局"）

清光绪廿年（1894）
中国船政文化博物馆

苏言福商办福建全省铁路有限公
司优先股票及息单

清光绪三十三年（1907）
泉州华侨历史博物馆

陈道灿雕黄杨木关羽
坐像

民国
福建博物院

陈道灿黄杨木张飞坐像

民国
福建博物院

陈道灿雕黄杨木刘备
坐像

民国
福建博物院

柯世仁雕黄杨木长眉
佛坐像

民国
福建博物院

沈正镐脱胎竹根瓶

近代
福建博物院

沈正镐脱胎荷叶瓶

近代
福建博物院

沈正镐脱胎提篮观音

近代
福建博物院

永春颜如云中国同盟会
侨越西贡支部入会证书

1913
泉州华侨历史博物馆

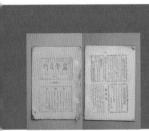

岩声报社《岩声》月刊第九期

第一次国内革命战争时期
1924 年 5 月 1 日
毛主席率领红军攻克漳州纪念馆

国民革命军东路军总指挥部政治部
《国民革命与农民》传单

第一次国内革命战争时期
古田会议纪念馆

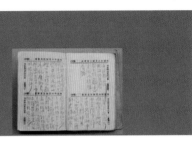

林心尧烈士的日记本

1926
龙岩市永定区博物馆

国民革命军东路军总指挥部政治部
印《农工商学兵联合起来》传单
1926
上杭县博物馆

国民革命军东路军总指挥部政治部
印《为什么要拥护国民政府》传单
1926
上杭县博物馆

国民革命军东路军总指挥部政治部
印《打倒帝国主义》传单
1927
上杭县博物馆

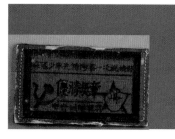

中央总队的苏区少年先锋队
第一次总检阅优胜奖章
第二次国内革命战争时期
（1927—1937）
古田会议纪念馆

红军印刷厂的石印机
第二次国内革命战争时期
（1927—1937）
长汀县博物馆

军委奖给杨成武的列宁服
第二次国内革命战争时期
（1927—1937）
长汀县博物馆

杨成武的皮革套望远镜
第二次国内革命战争时期
（1927—1937）
长汀县博物馆

"永定上溪南区苏维埃政府"
长方形铁盒木印章
1928
古田会议纪念馆

"中华苏维埃共和国福建省上杭县才
溪区上才乡苏维埃"木刻圆章
1929
毛泽东才溪乡调查纪念馆

上杭县水布区寨背乡苏维埃
政府布牌
1929
古田会议纪念馆

闽西苏维埃政府关于"闽西第一次工农兵
代表大会关于借贷条例之决议"的布告
1930 年 6 月
长汀县博物馆

闽西苏维埃政府"关于组织
粮食调济局问题"的布告
1930 年 6 月
长汀县博物馆

张鼎丞的指南针
三年游击战争时期
（1931—1934）
古田会议纪念馆

《青年实话》副刊少共国际师画报

第二次国内革命战争时期（1927—1937）
建宁县中央苏区反"围剿"纪念馆

中国工农红军军用号谱

第二次国内革命战争时期
（1927—1937）
宁化县革命纪念馆

闽西列宁书局石印马克思、列宁像

第二次国内革命战争时期
古田会议纪念馆

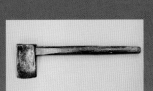

卢肇西的集美学校师范部
理科毕业证书

第二次国内革命战争时期
1927 年 1 月 1 日
古田会议纪念馆

林仙亭著《狱中记》手稿

1927 年 4 月
龙岩市博物馆

张溪兜后田暴动破仓分
粮的斧头

1928 年 3 月 4 日
龙岩市博物馆

近代徐悲鸿设色伯乐相马图
横披

1928
福州市博物馆

红四军战士姜立生书写于蛟
洋红军医院的墨书墙板诗

1929
古田会议纪念馆

闽西交通总局赤色邮政棕黄色
四片锤镰邮票

1930
古田会议纪念馆

提付送交庐丰乡苏转蓝占丰同志
启苏区七邮戳实寄封

1930 年 4 月 1 日
古田会议纪念馆

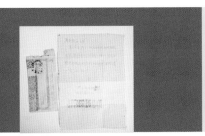

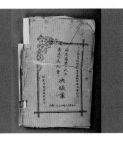

闽西交通总局肆片赤
色邮花实寄封（附信）

1931 年 7 月 14 日
连城县新泉整训纪念馆

闽西工农银行伍角铜印版

1931
长汀县博物馆

中国工农红军福建军
区卫戍区司令部旗帜

1932
上杭县博物馆

福建省苏维埃政府印
《福建省第一次工农
兵代表大会决议案》

1932 年 3 月 25 日
古田会议纪念馆

苏区革命互济会福建省总会第一次代表
大会成员在长汀中山公园的纪念合影照
1932 年 5 月 5 日
毛泽东才溪乡调查纪念馆

闽西列宁书局奖给卓贤的印
刷比赛甲等优胜银质奖章
1932 年 5 月 5 日
毛泽东才溪乡调查纪念馆

少年先锋编辑委员会出版苏区少先队中央
总队部机关报《少年先锋》（第一期）
1932 年 8 月 1 日
连城县新泉整训纪念馆

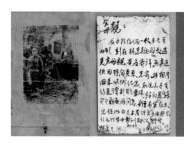

谭震林、张鼎丞、王集成在龙岩白土
的合影（背面附王集成给父母的信）
抗日战争时期（1937—1945）
毛泽东才溪乡调查纪念馆

张南生的日记本
抗日战争时期（1937—1945）
连城县新泉整训纪念馆

王集成写给双亲的明信片（附半张
邮票一枚）
1937 年 3 月 14 日
毛泽东才溪乡调查纪念馆

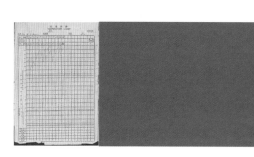

白求恩体温记录表（叶青山保存）
1939 年 11 月
中央苏区（闽西）历史博物馆

白求恩死亡诊断书（叶青山保存）
1939 年 11 月
中央苏区（闽西）历史博物馆

白大夫求恩同志逝世经过录
（叶青山保存）
1939 年 11 月
中央苏区（闽西）历史博物馆

【当代】

张鼎丞给永定溪南金沙父老兄弟们的信
（附信封、信反面为张鼎丞照片）
1950 年元旦
龙岩市永定区博物馆

刘亚楼的空军上将军衔任命书
1955 年 9 月
中央苏区（闽西）历史博物馆

中华苏维埃共和国临时中央政府土地
人民委员部出版的春耕运动画报
1933 年 2 月 15 日
毛泽东才溪乡调查纪念馆

中华苏维埃共和国中央粮
食调济局汀州分局广告
1933 年 3 月
毛泽东才溪乡调查纪念馆

陈庆选中华苏维埃国家银行福建省
分行长汀办事处的存折
1934 年 8 月 27 日
长汀县博物馆

闽西南军政委员会空白
壹圆借款凭票
1937 年 8 月 1 日
古田会议纪念馆

张南生的笔记本
1938—1951
连城县新泉整训纪念馆

新四军二支队司令部给谢
汝和颁发的护照（附信封）
1938
长汀县博物馆

白求恩病床日志（叶青山
保存）
1939 年 11 月
中央苏区（闽西）历史博物馆

其文、梦洲给永定私立侨育
中学校长邱长庆的墨书信函
1942 年 3 月 22 日
古田会议纪念馆

永定县私立侨育中学学生自治会
木刻研究组编第一集《侨木选集》
1944 年 10 月 10 日
古田会议纪念馆

黄宾虹墨色山水图轴
1944
漳州市博物馆

李可染牧牛图轴
1907—1989
漳州市博物馆

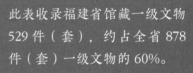

刘亚楼的空军上将服
1955
中央苏区（闽西）历史博物馆

傅连暲的中将礼服
1955
长汀县博物馆

此表收录福建省馆藏一级文物
529 件（套），约占全省 878
件（套）一级文物的 60%。